书山有路勤为径，优质资源伴你行
注册世纪波学院会员，享精品图书增值服务

微课开发

四步教你打造
精品微课的101个技巧

肖兴 ◎ 著

电子工业出版社

Publishing House of Electronics Industry

北京·BEIJING

图书在版编目（CIP）数据

微课开发：四步教你打造精品微课的 101 个技巧 / 肖兴著. —北京：电子工业出版社，2021.12
ISBN 978-7-121-42270-6

Ⅰ. ①微…　Ⅱ. ①肖…　Ⅲ. ①多媒体课件－制作－研究　Ⅳ. ①G434

中国版本图书馆 CIP 数据核字（2021）第 220881 号

责任编辑：吴亚芬
印　　刷：涿州市般润文化传播有限公司
装　　订：涿州市般润文化传播有限公司
出版发行：电子工业出版社
　　　　　北京市海淀区万寿路 173 信箱　　邮编：100036
开　　本：720×1000　1/16　印张：12.25　字数：188 千字
版　　次：2021 年 12 月第 1 版
印　　次：2025 年 7 月第 14 次印刷
定　　价：68.00 元

凡所购买电子工业出版社图书有缺损问题，请向购买书店调换。若书店售缺，请与本社发行部联系，联系及邮购电话：（010）88254888，88258888。

质量投诉请发邮件至 zlts@phei.com.cn，盗版侵权举报请发邮件至 dbqq@phei.com.cn。

本书咨询联系方式：（010）88254199，sjb@phei.com.cn。

微课研究项目专家委员会

主任委员：

肖兴（数字化学习专家，《直播培训》作者）

徐捷（知识萃取专家，《深度阅读》作者）

李德浩（Hi-work 创始人兼总经理）

专家委员（按照姓氏排序）：

陈海军（企业微课开发研究员，知识视频脱口秀创作者）

何平（课程开发专家，《学习的答案》作者）

鲁洪涛（抖音微课领域知名自媒体博主）

李海峰（龙湖集团原课程开发与知识管理专家）

刘荣佳（全国直播培训大赛 10 强讲师）

石超（经验萃取专家，下半场人生俱乐部创始人）

前　言

世界是由多个系统构成的复杂结构，每个人都身处不同的系统中，扮演着不同的角色。在家庭系统中，我们或是子女，或是父母，或是夫妻，或是兄弟姐妹；在企业系统中，我们或是上司，或是下属，或是同事；在商业系统中，我们或是供应商，或是客户。

而我在庞大而又复杂的社会系统中，始终扮演一个角色，那就是企业数字化人才发展顾问。

在企业数字化人才发展顾问的成长道路上，我基于自己多年的课程开发和讲师培养项目经验，从微课开始，逐步延伸到短视频、直播、学习项目设计、学习地图、人才发展项目等多个数字化专业领域的研究实践和项目交付。

其中，在微课的研究实践中，我曾独立制作过包含"爆品微课开发的 42 堂私房课"在内的上百门微课。一路走来，我亲身经历了微课制作中的每个难点，并找到了应对的方法；在微课的项目交付中，我曾为一汽集团、佛吉亚、新奥大学、中国铁建地产、南方航空、工商银行、中信银行、齐鲁银行、廊坊银行、平安集团、中国人民财产保险、中华保险、农银人寿、长城人寿、东方证券、同程旅行等数百家公司提供微课培训、外包开发和微课大赛服务，深知每个环节的难点及应对之策。在这么多年的不断研究实践和项目交付中，围绕开发一门精品微课需要解决的问题及应对之法，我开发打磨出了自己的版权课程："四步成课——精品微课敏捷开发"。

我曾因微课而成长，也因微课而获益，然而在过去的项目交付中，受时间、空间、市场等客观因素的影响，能够通过项目帮助到的人数始终有限。因此，我希望依据自己的版权课程，把微课开发的原理、模型、方法、技巧、工具等通过书本的形式分享给大家，让更多的数字化人才能够低成本地获取

微课开发：四步教你打造精品微课的 101 个技巧

微课开发的知识和技巧，以便快速、敏捷地制作自己的微课，实现知识的广泛传播，这就是我写本书的初衷。

开发一门精品微课需要经历四个步骤，分别是选定主题（第一步）、萃取内容（第二步）、设计呈现（第三步）和选用技术工具（第四步）。因此，在本书的写作过程中，我以版权课程"四步成课——精品微课敏捷开发"为核心并辅以其他知识，分 7 章阐述开发一门精品微课所用到的原理、模型、方法、技巧、工具及其实践应用，涉及认知、主题、内容、设计，以及 PPT、万彩动画大师和辅助工具。

各章内容如下。其中，第 2～第 4 章为微课开发的前三步内容，第 5～第 7 章为微课开发的第四步内容。

第 1 章 揭开微课的神秘面纱：从微课的定义、特点和起源三个角度让读者认知微课，并帮助读者充分理解开发微课对组织、部门、业务专家和员工的价值。

第 2 章 选定主题：从散点选题和系统选题两个角度来阐述选定微课主题的步骤、方法、工具、表单，并明确微课的学员和目标，以终为始，确保开发出来的微课能够在企业内部落地、应用。

第 3 章 萃取内容：从微课结构和微课内容这两个方面进行阐述，确保微课结构合理、内容实用。

第 4 章 设计呈现：从开篇勾起兴趣、正文强化处理和结尾复习测验三个维度进行设计、产出脚本，确保微课既有足够的吸引力，又能够实现对关键知识的精准传递。

第 5 章 使用 PPT 制作视频微课：PPT 的制作比较简单，容易掌握，本章以 PPT 制作微课的操作步骤为主，分别围绕录制音频、美化课件、生成视频三个步骤阐述使用 PPT 制作视频的具体技巧。可以说，完成了这三步，一节微课也就制作好了。

第 6 章 使用万彩动画大师制作 MG 动画微课：万彩动画大师自带大量的素材，本章从工程文件、场景、音频、字幕、动画、素材等维度对该工具进行详细讲解，使读者熟练掌握万彩动画大师这一工具，快速制作出精美的视频微课。

第 7 章 常用辅助工具：除 PPT 和万彩动画大师这两个主要工具外，还有其他常用的微课制作工具。本章围绕字体、动画、素材、视频处理这四个维度选择了一些常用的工具进行讲解。

写书的过程是快乐的，也是痛苦的，因为写好一本书既要有理论指导，又要有丰富的实践经验做支撑，同时还要保证每天都拥有独立、连续的写作时间，因此，本书的顺利出版，需要感谢很多人。

首先，感谢我的客户、同事及合作过的培训机构，没有你们的辛苦付出，我不会获得这么丰富的实践机会，也不会拥有这么丰厚的理论知识。

其次，感谢微课研究项目专家委员会的各位老师。其中，徐捷老师是教育博士、知识萃取专家、原淘宝大学高级学习专家，拥有 15 年案例开发和讲师赋能经验；李德浩老师是 Hi-work（海沃克）公司创始人兼总经理，专注引导工作坊、中高层管理者培养及经验萃取等项目设计与交付；陈海军老师是《超级个体》读书脱口秀创作者、企业微课开发导师，专注研究学习型组织微课创意技能人才培养；何平老师是"培训魔方——提升绩效的课程开发、培训师培训"版权课程开发人，著有《学习的答案》《能力的答案》等图书；鲁洪涛老师是"八个段位打造网红微课"版权课程的持有人，专注新媒体教学工具 5 年，2021 年受邀担任企业微课大赛评委导师；李海峰老师拥有 13 年的培训项目设计与授课经验，曾担任世界 500 强企业培训专家，辅导企业内部讲师开发过 500 门以上的课程；刘荣佳老师是企业赋能培训师，擅长企业动销系统建设、企业人才梯队建设，用培训赋能企业成长；石超老师是华为、平安集团前经验萃取专家，服务过上百家标杆企业。这 8 位老师在微课开发及相关领域拥有丰富的实操和教学经验，正是有了他们的助力，我才会有这么丰厚的知识回报给大家，感谢他们的支持和付出。

再次，感谢我的家人，尤其是我的妻子，没有你的爱与包容，没有你的后勤保障，本书的面世时间势必延长，感谢你对我工作的支持和对我们这个家庭的默默付出。

最后，感谢购买和阅读本书的读者朋友，因为你们的支持和传播，本书才能够更好地实现它的价值。

要感谢的人还有很多，由于篇幅所限，不再一一列举。总之，没有你们的帮助，不敢妄出此书。本书如有遗漏之处，敬请批评指正。

肖　兴

目　录
Contents

CHAPTER 1

第 1 章
揭开微课的神秘面纱

提到微课，我们肯定不会感到陌生，不管身在企业内部还是其他场所，我们总是能看到各种各样的微课，但是如果让我们给微课下个定义，好像每个人的见解都不一样。那么到底什么是微课？精品微课有哪些特点？又有哪些形式？开发精品微课对企业、对我们自己有什么价值和意义？本章将从微课的定义与特点、微课的起源，带领大家就微课认知达成共识。

微课的定义与特点

微课的定义

现在关于微课的定义有很多，百度百科对微课的定义是："微课（Microlecture）是指运用信息技术，按照认知规律呈现碎片化学习内容、过程及扩展素材的结构化数字资源。"虽然这个定义很科学，同时也很学术化，但不能真正帮我们理解微课。

结合自己多年以来开发微课的经验，以及与其他顾问的多次讨论，我在

微课开发：四步教你打造精品微课的 101 个技巧

培训课堂上给微课下了一个简单易懂的定义：**微课是为了达到特定的学习目标而开发的短小精彩的自主学习资源。**

学习目标是指每节微课都应该有明确的学员，并明确这节微课对学员的价值是什么，不能为了开发微课而开发微课。

短小精彩是指为了达到目标，微课要有相应的教学内容、教学形式和传播载体。

自主学习是指受个人意愿、学习动机、学习环境等因素的影响，微课学习很多时候是靠学员主动学习的，无法强制。微课的学习与现场培训不同，一般现场培训会提前把学员的手机收走，即便不收手机，讲师也可以随时观察学员的学习状态。如果发现谁的注意力不在课堂上，可以马上做出相应的调整来调动学员的注意力。对学员而言，他的注意力大部分时间都被聚集在课堂上。微课的学习环境相对而言比较宽松、自由，再加上周围的诱惑非常多（如抖音短视频、小说、网剧等），学员的注意力很容易被分散。因此，微课的学习更多的是靠学员的自发和自律。一节微课产出之后，没有办法强制要求学员一直把注意力放在微课上，即便是公司或学校出台相关的政策，只要学员不愿意学习，他们就有很多对策。我曾经看到某个企业里有位员工一边用一部手机玩游戏，一边用另一部手机播放微课。对他而言，学习微课就是为了完成学习任务，这说明该企业的微课出现了问题。因此，微课要从主题、内容、呈现形式等多个方面进行设计才能产生足够的吸引力，才能在这场"争夺"学员注意力的战斗中获得胜利。

微课的特点

那么，一节好的微课应该具备哪些特点？微课与传统课程的共性和区别又有哪些？可以用拆字的方式，把微课拆成"微"和"课"两个字来对微课的特点进行解析，如图 1-1 所示。

从"课"字的角度来讲，微课首先是一门课程，既然是一门课程，那就要学员明确、结构合理和内容实用。

图 1-1　微课的特点

学员明确是指一定要明确微课是讲给谁听的，做到以学员为中心。如果微课的内容类别是通用知识、公司制度、企业文化，那么学员范围可以宽一些，如"撰写邮件的三个原则"适合公司所有不会撰写邮件的人。如果微课的内容类别是专业知识技巧，那么学员范围就应该窄一些，如销售技巧类的微课适合销售人员而不适合职能部门的人员。即便是销售技巧类的微课，不同学员关心的内容也是不一样的。对销售新人而言，他们更关注销售流程和话术；而对销售精英来说，他们更关注自己遇到的问题应该怎么解决。因此，在微课的方向和主题确定之后，明确学员至关重要，只有明确了微课的学员群体，才能针对性地访谈和分析他们在这个主题上想要解决的问题和想要学习的知识，才能避免学员一边打游戏、一边学习微课这种不良现象的出现。

结构合理是指微课要为学员提供清晰的学习路径指引。一门微课的内容虽然只有 2 000 字左右，但是这些内容如何排序、排序的依据是什么，是否符合人的思维逻辑，等等，都是开发微课时需要仔细考虑的。对一门微课而言，如果逻辑清晰、结构合理，学员的大脑中就会有一个清晰的学习路径，学习效率会大大提高，同时学习成本也会大大降低。更重要的是，清晰合理的微课结构可以让学员在事后更好地回忆和调用微课中的关键知识。

内容实用是指要根据微课主题、微课学员、微课目标及微课结构来确定微课的内容。在辅导别人开发微课的时候，我观察到两个有意思的现象：一个现象是本人缺少相关工作经验，但是为了完成任务，就把自己从网上收集的知识整理成一节微课的内容；另一个现象是本人工作经验非常丰富，但表达能力差，索性将网上的资料修改一下变成自己的内容。其实这两种做法都是不对的，真正实用的内容一定是围绕学员和目标，深度萃取自己的最佳实践，然后结合自己的微课结构，把自己的实践经验和案例表达出来，这样的内容才有可能对学员产生真正的用处。

以上三个特点是微课与传统课程的共性。那么，微课与传统课程又有哪些区别呢？微课如何才能吸引学员，让他们主动学习呢？这就要求微课从"微"的角度满足四个特点：时间短、主题小、内容精、形式彩，简称为"短小精彩"。

时间短是指一节微课的最佳时长是 5~8 分钟。一节微课的时长如果少于 5 分钟，就很难把一个知识点讲解透彻，学员会觉得自己还没学到东西，视频就已经播放完了；如果长于 8 分钟，则很难在 8 分钟之后继续获取学员的注意力，因为一个成年人集中注意力观看学习视频的最长时间平均是 8 分钟，超过 8 分钟，不管后面的视频多么精彩，都很难再有耐心看下去。我曾在培训现场做过多次试验，几乎大部分学员在观看视频到 8 分钟左右的时候都会出现"闭目养神"、玩手机等注意力分散的现象。

主题小是指一门微课要聚焦一个独立的主题，并且主题的颗粒度要足够小。微课的颗粒度要小到可以用 5~8 分钟的时间讲解透彻。例如，同样是讲沟通，很明显"沟通技巧""向上沟通"这两门微课的颗粒度太大，要想讲透彻，需要 3~4 小时。对于这样的主题，如果直接做成 5~8 分钟的微课，学员学到的知识会比较浅显，没有价值。相反，"高效汇报的 3 个技巧"这门课程的颗粒度小且聚焦，能够在 5~8 分钟内讲明白，并且可以结合案例进行情境化讲解。

内容精是指微课的内容要精准、聚焦。一节微课的字数在 2 000 字左右，可谓字字箴言。因此，一节微课要聚焦一项单一的知识、技巧或工具，努力把一个非常小的知识点讲透，切忌追求大而全。当然，因为微课中讲解的知识迭代很快，所以未来当某个小的知识点发生变化时，我们就可以做到快速迭代、与时俱进，而且迭代的成本非常低。

　　形式彩是指微课的表现形式丰富，载体多样。对一门微课而言，可以通过 PC 端、App、微信等载体进行线上推广，在形式上可以表现为静态的 PDF、长图文，也可以表现为动态的音频、视频等多种形式。举例如下。

- **PDF 类微课**主要通过文字传递知识。它的优点是制作容易、难度较低，通过 Word、PPT 等工具就可以轻松制作；它的缺点是呈现形式为静态，学员在学习的时候会感觉比较枯燥。

- **长图文类微课**主要通过图片和文字相结合的方式来传递知识，有的还会配上多种方式的解说。它的优点是制作容易、难度较低，使用 PPT 和 iSlide（一个 PPT 插件）就可以轻松制作；它的缺点是如果排版不好，就很难保持内容的清晰简洁，同时呈现形式为静态，缺少图片、故事和"金句"的长图文很难吸引学员。

- **音频类微课**主要是把静态的文字转变为动态的语音，一般没有视觉辅助材料。例如，微信群分享和"得到"App 中的课程就属于音频类微课。它的优点是制作容易，适合在特定场景使用，播放条件要求低，占用流量比较少；它的缺点是没有画面，不形象，很容易让学员走神，造成学员的体验不好，同时它的互动参与性也比较低。

- **视频类微课**是本书要分享的主要微课形式，它可分为 4 种，分别是 PPT 制作的视频、MG 动画视频、录屏视频、真人拍摄视频。

  - **PPT 制作的视频**学习和制作起来比较容易，只要我们按照本书介绍的步骤和技巧进行操作，就能制作出一节微课。它是目前使用最广泛、传播最便捷的形式，也本书重点分享的方式之一。

  - **MG 动画视频**可以很好地呈现微课内容。它的优点是有声音、图像，画面活泼，效果良好；它的缺点是制作起来相对比较烦琐，而且制作技巧学习起来比较困难，如果使用 AE 或 flash 制作 MG 动画，仅这两个工具的学习就要花费 2 年左右的时间。因此，本书会重点推荐一个易学习、易操作的工具，只要按照本书介绍的步骤和功能进行操作，就能制作出一节微课。

- **录屏视频**的优点是制作比较容易，工具学习起来比较简单；缺点是操作要非常细心，而且后期需要剪辑。如果一节微课中操作性内容比较多，如教别人怎么使用 Excel，就可以使用录屏软件进行录制和讲解。本书会重点介绍一个非常简单的工具，只要按照本书介绍的步骤和功能进行操作，就能录制一节微课。

- **真人拍摄视频**是指由真人出镜进行拍摄的视频。它的优点是形象、直观、生动，令人印象深刻；它的缺点是对拍摄的设备、宽带有要求，而且往往涉及后期制作，成本比较高。

微课的特点决定了学员学习的场所非常灵活，如在吃饭排队、下班等车的时候都可以拿出手机随时随地学习。这种灵活、便捷的方式在帮助学员进行碎片化学习的同时，也促进了人与人之间的互动与分享，进而为企业、专家、员工创造了无限价值。

结合微课的特点判断以下内容是一节微课吗？为什么？

张三是某零售公司门店的新任店长，李四是某品类的领班。某天早上8:30，店长张三到门店视察时发现没人在门口迎宾，于是自己拿起宣传页在店门口做起了迎宾工作。过了一会儿，李四带着几名促销人员来到店门口。

李四：张店长，您怎么在这儿迎宾啊？

张三：今天应该是你们小组负责迎宾吧，你安排的是谁呢？

李四：王五啊！

张三：人呢？

李四：我没看见他，我给他打一个电话。

张三：嗯，快点去。

半小时后，王五在李四的带领下走了过来。

李四：店长，王五回家拿绶带去了，昨天负责迎宾的赵六把绶带放家里了。您赶紧去办公室歇会儿吧！

（对话一）

张三：我告诉你李四，这种错误只有这一次，下不为例。你是领班，要知道自己的职责。如果再有下次，你直接辞职走人。

李四内心：凭什么怪我啊！我也没闲着啊，以前的店长都没有这种要求，凭什么你来了就这么多事？凭什么劈头盖脸骂我一顿？

（对话二）

张三：李四，我觉得今天发生的这件事情，你肯定提前做了值班安排，我特别理解你，咱们门店人手不够，你自己每天的事情也特别多。但是你想过没有，其实这些事情我们也是可以避免的，可能需要你提前一天问一下大家，迎宾的东西有没有准备齐，尤其是绶带有没有从上一个同事那里拿过来。一个习惯的养成很重要，我相信把这些事情捋顺之后，我们就能把具体的检查细节、检查时间做到位，从而避免出现今天这种情况。接下来有时间的话，你可以去优秀的门店观摩一下，取长补短、相互学习，我相信咱们一起努力，一定能把门店做得越来越好。

李四内心：我觉得店长说的这些都对，我也明白迎宾的意义，所以我应该针对店长说的这几点有所改变。我接下来会思考一下如何做一个详细的安排和计划，以便将来不再出现这样的问题。

以上是某集团一位学员在参加培训之前发给我的脚本，很明显这不是一节微课，因为这里面没有具体的内容，学员看完这个视频之后不知道以后遇到类似的情况时具体该怎么做。一节好的微课一定符合主题聚焦、学员明确、目标清晰、结构合理、内容实用、呈现精彩、时间合理的特点。

微课的起源

微课的起源很难探究清楚，但是微课真正开始传播起来并被公众所熟知，源于美国一位叫萨尔曼·可汗的人。2004 年，可汗上七年级的表妹纳迪亚遇到了数学难题，向这位"数学天才"表哥求助，为了让表妹听明白，可汗通过雅虎通聊天软件、互动写字板和电话进行了浅显易懂的讲解，并帮她解答了所有问题。因为效果显著，亲戚朋友也开始叫他帮忙辅导孩子们的功课。

后来，可汗觉得这样重复辅导很浪费自己的时间，就萌生了录制视频，让他们自己学习的想法。在录制视频的时候，他有意识地把每段视频的长度控制在 10 分钟之内，以便他们有耐心理解、消化相关知识点。当他把录制好的视频上传到 YouTube 之后，受到了很多家长的喜欢。就这样，萨尔曼·可汗用一台电脑、一个 20 美元的屏幕录像软件和一块 80 美元的手写平板，开始了他录制教学视频的微课生涯。

2007 年，萨尔曼·可汗创立了可汗学院网站，2009 年，他辞去了原来的工作，但是因为之前创办网站、维护网站都是用家里的存款，再加上他录制的所有视频都是免费的，所以他的生活很快陷入了困境。但好运总会眷顾努力的人，因为他录制的视频帮助比尔·盖茨女儿解决了学习数学的问题，所以他很快得到了比尔·盖茨的 150 万美元资助。之后他又得到 Google 公司的 200 万美元资助，可汗学院从此开始走出美国，走进中国。

从 2011 年开始，伴随着电脑和 4G 网络的普及，以及中国互联网的迅猛发展，微课很快走进了中国的教育体系，开始在 K12 教育体系中流行起来，并最终敲开了企业培训的大门。如今，伴随着 5G、人工智能的到来和移动互联网的快速发展，微课已经是企业培训中不可或缺的一环。系统化的微课开发和应用围绕**知识管理**，可以有效地帮助企业解决**工教矛盾**、**工学矛盾**和**学习矛盾**。

谈谈企业知识管理

在一场赛跑中，选手的目的是跑赢对手，赢得冠军。为了跑赢对手，选手需要做出三个选择：第一个是赛道，赛道不同，则距离远近、路况、工具选择都会不同；第二个是工具，同样的跑道，开汽车和骑自行车的速度肯定不一样；第三个是效率，即便同样都是骑自行车，速度不同，效率不同，结果必然不同。比赛胜利＝正确的赛道×正确的工具×高效的奔跑。

经营企业就像赛跑，除了伟大的使命和愿景，经营企业的主要目的是持续盈利。因为只有持续盈利，企业才能生存；只有持续盈利，企业才能不断地发展壮大，才能与股东和员工之间实现良性互动。企业要想实现持续盈利，就需要做正确的事（客户认可）、正确地做事（路径正确）和高效率地做事（超越对手），即，企业成功＝持续盈利＝做正确的事×正确地做事×高效率地做事。其中，无论是"做正确的事"所涉及的商业模式、企业战略，还是"正确地做事"所涉及的目标、流程、方法、工具，抑或是"高效率地做事"所涉及的企业文化、组织结构、领导力、人员管理、人员培养、人员激励等，要想将这几个方面落地实施，最终都要追溯到企业的相关人员是否掌握相关知识。知识是保障企业持续盈利的"基因"，一个企业的知识管理和使用效率在一定意义上决定着企业的成败。

根据知识能否清晰地表述和有效地转移，可以把知识分为显性知识和隐性知识。

显性知识又称编码知识、明晰知识、外显知识，是指"能明确表达的知识"。换句话说，显性知识是能够被人类以一定的符码系统（如语言、文字、视听媒体、软件、数据库）加以完整表述的知识。显性知识容易被学习。

隐性知识是高度个性化且难以格式化的知识，包括主观的理解、直觉和预感。它存在于人的头脑中，不可编码，很难用文字的形式记录，难以转移。很多时候它只可意会，不可言传。

对企业而言，要想持续盈利，就必须在拥有最佳实践之后，快速且敏捷地将隐性知识转变为显性知识，用最短的时间、最低的成本将显性知识传递给目标群体，并促进目标群体对知识的内化和行为转变，企业在知识萃取、传递和应用的过程中，就出现了知识管理的三大矛盾：工教矛盾、工学矛盾、学习矛盾。

工教矛盾是指工作和教学之间的矛盾，是企业知识管理的"第一个魔咒"。在 VUCA 时代，唯一不变的是变化。为了持续盈利，企业需要不断地根据市场趋势做出调整；为了生存与发展，员工也需要不断地适应新的角色。一旦企业转型或员工转岗，员工所需要的知识就会产生巨变，这时候企业会重新为员工培训知识，这些知识的来源往往是企业内部的业务专家（绩优员工）。理想的情况当然是专家在职、时间充足、意愿强烈，培训部门快速萃取业务专家的经验，梳理成一门门课程，然后由业务专家对员工进行大面积的培训。但现实中经常发生这样的事：业务专家已经离职了（这种情况最为可惜，业务专家在职的时候没有做好知识萃取，当他们离开之后，企业才发现最宝贵的经验流失了，新人又要从零开始学习，以"伤害"客户作为成长的代价）；业务专家这个节点很忙（由于时间的稀缺性，业务专家在同一时间只能选择工作或授课）；业务专家没有意愿做知识传承（毕竟培训不是自己的职责，与 KPI 也没太大关系）。以上这些情况造成了企业知识管理的工教矛盾。

对于这个矛盾，可以用微课解决，原因如下。

- 从个人意愿的角度来讲，业务专家并非完全没有分享意愿（事实上业务专家内心深处有着强烈的分享欲望），而是面临冲突的时候只能这样选择。因此，通过利用空闲时间制作微课的方式可以帮助业务专家突破时间限制。

- 从个人能力的角度来讲，微课制作的门槛非常低，只需要一台电脑就可以了，同时在制作微课的过程中，因为要对知识进行深入的探究，所以业务专家会加深自己对知识的理解，提高自己的语言表达能力。

- 从部门工作效率的角度来讲，部门领导很愿意把重复性的工作录制成微课让员工学习，尤其是后端服务部门。例如，财务部门总是遇到同事贴错发票的情况，每次处理这种事情都会花费大量时间；行政人员发布的公司制度总是被淹没在一堆邮件中，员工很少仔细阅读。而像贴发票这类重复性的工作，录制一节微课就可以解决。

- 从组织的角度来讲，企业很愿意搭建知识分享学习平台，鼓励业务专家在平台上展示自己的微课（有的企业甚至专门设置了奖励机制），使员工萃取专家经验，玩转知识管理，帮助企业实现对不同员工的差异化赋能。

工学矛盾是指工作和学习之间的矛盾，是企业知识管理的"第二个魔咒"。在企业转型和员工入职、转岗、晋级、晋升等场景下，员工需要学习新知识。理想情况当然是针对不同的场景，组织员工开展培训，帮助他们学到知识，助力员工发展和企业转型。但在实际组织培训的过程中，往往会出现员工不报名、报名不参加的情况。究其原因，对员工而言，在同一时间面临工作和学习这两个选项时，他们往往会选择工作，尤其在面临巨大的 KPI 压力的时候，这就造成了企业知识管理的工学矛盾。

对于这个矛盾，可以用微课解决，原因如下。

- 从个人意愿的角度来讲，没有不愿意学习的员工，每个人都希望自己在职场上获得良好的发展，也都知道不学习、不进步必然会被淘汰，只是在面对长期发展和短期 KPI 这两个选项时，员工往往会选择完成短期 KPI，毕竟只有先生存才能谈发展。因此，他们希望自己可以在业余时间随时随地观看微课来学习知识，而一节微课所占用的流量一般为几十兆，员工既可流畅地在线学习，也可把微课下载保存到终端设备（如笔记本电脑、平板电脑、手机等）上随时随地学习。

- 从个人能力的角度来讲，并非每个人听老师讲一遍就能完全记住甚至掌握知识，很多人都需要靠不断地重复学习才能掌握某个知识点，但老师不可能在课堂上一直重复讲授某个知识点。即便能够一直重复讲授，培训结束之后学员再向老师学习这个知识点的概率也很低，成本很高。而微课学习是一种完全自主的学习方式，员工可以自己选择时间、地点，遇到听不懂的，可以暂停、返回、重复观看，不会有人责怪他为什么听了十几遍都不会，也不会有老师突然提问"某某某你来回答这个问题"，更不用担心回答不上来被同学嘲笑。

- 从部门的角度来讲，每个管理者都知道培训很重要，但是业绩更重要。

因此，他们不愿意在工作时间为员工做培训，于是经常出现上班工作、下班培训的情况。员工的私人时间被占用了，他们虽然嘴上不会说什么，但是心里是抗拒的，以这样的状态参加培训，效果可想而知。

- 从组织的角度来讲，大部分企业的员工在时间和空间上都处于分散状态，如果把员工聚集到一起进行脱岗学习，势必会造成工作疏漏和巨大的脱岗成本。因此，当企业发生员工入职、晋级、晋升、转岗或业务转型时，微课可以在一定程度上帮助企业快速、系统、低成本地对员工进行赋能，有效解决工学矛盾。

学习矛盾是指获取知识和使用知识之间的矛盾，是企业知识管理的"第三个魔咒"。学习的理想情况是员工一学就会，可以把所学知识马上转化成行为，从而迅速提高绩效，恨不得这一秒知识刚学会，下一秒绩效就翻倍。但真实情况到底如何呢？IBM 曾对管理者做过一项调查，问题是："如果取消现在的培训，您认为员工的绩效会降低、不变还是提高？"调查结果显示，56% 的管理者认为如果完全取消当前的培训，员工绩效不会改变，甚至会提高。

在一场培训中，企业、培训部门、老师和学员都努力付出了，但是为什么会出现这样的结果呢？这就要从学习的"721 法则"说起。所谓 7，是指员工所学知识的 70%源于实际工作，也就是说员工在实际工作中通过不断地遇到问题、解决问题、反思复盘来获取知识；所谓 2，是指员工所学知识的 20%源于身边人员的帮助和分享，如前辈的分享、领导的帮助；所谓 1，是指员工所学知识的 10%源于课堂培训。

- 从 7 的角度来看，员工的学习属于"不撞南墙不回头，撞了南墙才回头"，但是往往撞了南墙再回头的时候他们已经"头破血流"、为时已晚，这是一种以"伤害"客户为代价来获取知识的学习方式。从商业的角度看，这种学习方式伤害了企业品牌和客企关系；从学习时间的角度看，这种学习方式在时机和排序上是滞后的。

- 从 2 的角度来看，身边的人固然能给员工很多帮助，但是在同一时间、同一地点能帮助员工的人是有限的。也就是说，员工的学习在时间和空间上受到限制。

- 从 1 的角度来看，课堂学习很多时候在时间上是超前的或滞后的，要么是员工在还不了解自己的需求时就被培训了很多知识，要么是员工在培训之后很长时间才会用上所学的知识，而且到用的时候已经忘得差不多了。

"721 法则" 造成了企业知识管理的学习矛盾。

对于这个矛盾，可以用微课解决一部分，因为不管是组织、部门还是员工，都希望能够学以致用，创造绩效，只不过受多种因素的影响，导致知识的供给和需求在时间和空间上产生了错位排序。因此，只要企业能够针对关键岗位开发系列微课，就能在一定程度上满足员工不需不学（不需要学太多用不到的知识造成认知负担）、即需即学（需要用某些知识的时候可以马上搜索学习）、即学即用（学了知识之后能够马上使用）的学习需求。

综上所述，微课是移动互联网时代的必需品。通过微课，企业既可以变个人经验为组织智慧，快速复制和传承绩优员工的宝贵经验，帮助组织沉淀、传承优秀的实践经验，大幅度提高组织绩效，又可以减少面授培训中的运营成本，减少培训成本支出，还可以甄别有效的经验和绩优员工，将企业人才甄别、内部经验传承复制与人才培养做到有效结合。微课虽小，但是只要能用好，就能 "微力无边"，因为微课是一种突破时间和空间限制的学习方式。

CHAPTER 2

第2章
选定主题

从业务专家开发微课的角度来讲，选定微课主题是微课开发的头等大事，因为微课主题决定了课程内容，主题不同，内容必然不同。

从微课运营与管理的角度来讲，如果企业批量开发的微课不能由点到线再到面形成系统化的线上产品，那么，一场培训或大赛结束之后，除了完成专家赋能和产出一批微课，对企业的价值并不大。

虽然这个道理大家都懂，但是在交付微课培训，尤其是在交付微课大赛类的项目时，我发现很多企业在选定主题上存在很大的问题，主要表现为：随心所欲、偏重生活领域、与绩效无关、与工作关联度低、选题混乱、不够系统、颗粒度太大等。

为了帮助企业和业务专家解决这些问题，必须综合使用以下两种选题路径。

路径一：**自下而上的散点选题**。自下而上的散点选题是指由业务专家根据个人经验和员工需求选定微课主题。这种路径的优点是本人自主发起，动机较强，经验丰富；缺点是主题单一、碎片化，并且极有可能与绩效关联度较低，如"如何改善圆肩"这个微课主题。

路径二：**自上而下的系统选题**。自上而下的系统选题是指由培训部门基于关键岗位的关键任务搭建微课学习地图。这种路径的优点是主题系统化，并且与绩效密切关联；缺点是业务专家被动参加，需要使用大量的资源调动专家参与。

　　单独使用以上任何一种路径都会出现问题。因此，要想开发出系统化的微课，做到多而不散，就要先通过路径二明确微课的方向或系列主题，接下来通过路径一，让业务专家从中选择自己感兴趣且有能力开发的微课主题。

自下而上的散点选题

　　假设我们要开发一门沟通类的微课，请问在"沟通""向上沟通""跨部门沟通""向下沟通""沟通技巧""接受任务四步法"这六个主题中，哪个适合做成微课呢？

　　根据微课的特点，很明显"接受任务四步法"更适合开发成一节微课，而其他三个主题的颗粒度太大，容易导致微课目标模糊、内容庞杂、时间太长，最终的结果就是自己辛辛苦苦开发了一节微课，点击量却非常少，这正是散点选题容易出现的问题。因此，即便是业务专家自己选定课题进行微课开发，也要确保微课方向正确、颗粒度适中，并且可以帮助目标学员提高绩效。具体来讲，自下而上的散点选题可以分为四步，分别是选择方向、适度拆解、筛选组合、选定主题。

第 1 步　选择方向

　　业务专家的经验有很多，如沟通、销售、产品、工具、育儿、健身、拍照、化妆等，到底应该选择哪个方向来开发微课呢？这里提供两个维度供参考。

　　维度 1：以个人为中心，做到关联经验。业务专家本人要确保自己有大量处理此类业务的理论知识、实践经验、实战案例可以拿出来分享，而不是选择一个自己的爱好，然后从网上收集一些资料做成微课。

维度 2：**以企业为中心，做到关联绩效**。选择的方向最好既能关联关键岗位，如销售部门、产品部门、风险部门、内审部门等，又能满足这些岗位的绩效提高需求，而且涉及人员数量越多越好。通常建议业务专家参考以下三大方向进行选择。

- 方向 1：新。包括新产品推广策略、新技术应用推广、新业务落地，如 5G 应用、人工智能、新能源电动汽车等。
- 方向 2：关。包括关键客户拓展、关键流程执行、关键项目落地，如项目管理、大客户开发、虚拟装配等。
- 方向 3：痛。包括瓶颈工序改善、常见故障处理、投诉升级处理，如手机无线充电检具、机器人 makrostep 超时问题、审计方案编制、财务报销错误等。

第 2 步　适度拆解

结合上述两个维度选定微课的方向颗粒度比较大，不能直接开发成微课，还需要运用逻辑树对微课方向进行层层拆解，最终得到一系列微课主题（颗粒度小，能够在 5~8 分钟内进行非常透彻的讲解）。为了更好地理解这个步骤，下面以"沟通"为例进行拆解，如图 2-1 所示。

"沟通"是第一步选定的微课方向，它的颗粒度太大，要想把沟通全部讲明白，最起码需要两天的时间，因此需要运用逻辑树进行拆解。

沟通可以拆解为基础知识、向上沟通、跨部门沟通和向下沟通这四个模块，但是每个模块的颗粒度还是太大，要想讲明白，需要 3~4 小时。因此，需要运用逻辑树继续拆解。

基础知识模块可以拆解为沟通的定义、沟通的价值、沟通的难点和沟通模型。沟通的定义、沟通的价值和沟通的难点是比较简单的知识点，其颗粒度已经足够小，不用继续拆解。沟通模型颗粒度较大，要想讲明白，需要 2~3 小时，因此可以将其拆解为 5W1H，即沟通对象（Who）、沟通目的（Why）、沟通主题（What）、沟通时间与时机（When）、沟通地点与氛围

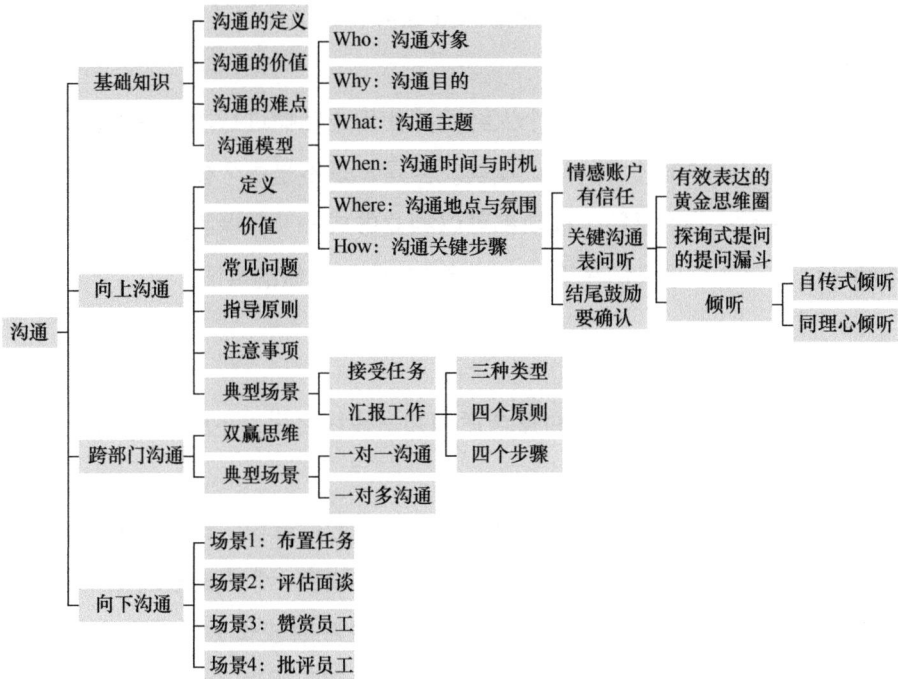

图 2-1 "沟通"知识模块拆解示例

（Where）和沟通关键步骤（How）。其中 5W 也属于比较简单的知识点，不需要再做详细拆解，而沟通关键步骤（How）的颗粒度较大，要想讲明白，需要 1~2 小时，因此可以将其进一步拆解为情感账户有信任、关键沟通表问听、结尾鼓励要确认。其中情感账户有信任和结尾鼓励要确认的颗粒度已经足够小，不需要继续拆解，而关键沟通表问听可以继续拆解为有效表达的黄金思维圈、探询式提问的提问漏斗、倾听。其中有效表达的黄金思维圈和探询式提问的提问漏斗颗粒度足够小，不需要继续拆解，而倾听的颗粒度较大，因此又可以继续拆解为自传式倾听和同理心倾听。

以此类推，向上沟通可以拆解为向上沟通的定义、价值、常见问题、指导原则、注意事项和典型场景。典型场景可以拆解为接受任务和汇报工作。汇报工作又可以拆解为三种类型、四个原则和四个步骤。跨部门沟通可以拆解为双赢思维和典型场景。典型场景可以拆解为一对一沟通和一对多沟通。

向下沟通直接按照典型场景拆解为布置任务、评估面谈（绩效面谈）、赞赏员工和批评员工。

在选定方向的基础上结合个人经验并使用逻辑树进行层层拆解，最终可以得到一系列颗粒度较小的知识模块。但是，是不是每个模块都适合用微课的形式呈现呢？是不是每个模块都可以独立做成一节微课呢？这些需要我们继续评估，而这正是我们在第 3 步"筛选组合"要做的事情。

第 3 步　筛选组合

通过第 2 步拆解得到颗粒度合适的知识模块之后，还应进行筛选组合，方法如下。

首先，并非每个模块都适合用微课的形式进行呈现。例如，沟通的价值和向上沟通的价值属于态度类知识。要知道，改变一个人的态度是一项系统性工程，受到多种因素的综合影响，而且往往耗时较长（如线下培训 2～3 天也未必能改变一个人的态度），学员不太可能因为观看了一节 5~8 分钟的微课就改变自己的态度。因此，态度类知识不适合做成微课，在筛选组合的时候可以直接删除。

其次，并非所有模块都能够独立做成一节微课。一方面是因为这些模块的颗粒度过小、价值不大。例如，沟通的定义、向上沟通的定义、双赢思维这三个模块都可以在 1 分钟内讲明白，可以把它们简化成一两句简单的知识点，嵌入一节微课即可。另一方面是因为这些模块单独讲解没有价值，只有与其他模块组合起来才能创造价值。例如，沟通的难点、沟通对象、沟通目的、沟通主题、沟通时间与时机、沟通地点与氛围、结尾鼓励要确认、向上沟通常见问题等模块，虽然每个模块都是独立的知识点，但是无法独立创造价值，最好把这些模块组合成一系列有价值的微课主题。例如，可以将沟通对象、沟通目的、沟通主题、沟通时间与时机、沟通地点与氛围组合为"沟通五要素"。

最后，对于拥有独立价值且颗粒度合适的主题，就可以选定为单独的微课主题。例如，情感账户有信任、有效表达的黄金思维圈、探询式提问的提问漏斗、自传式倾听、同理心倾听、向上沟通的指导原则、注意事项和各个典型场景都可以设置为独立的微课主题。但是纯粹的知识分享比较枯燥，在实际开发的时候一定要与场景结合起来。例如，向上沟通的指导原则虽然是独立的微课主题，但是只讲原则很难对学员有所启发，最好将原则与场景结合起来，这样学员的学习效果会更好。

第 4 步　选定主题

通过筛选组合，我们得到了一系列可以开发的微课主题，但是业务专家的时间是非常宝贵的，在一段时间内往往只能开发一节微课，那么如何从这些主题中选择最合适的微课进行开发呢？可以参考绩效价值（主题对学员绩效影响的大小）、发生频率（学员在这方面是不是经常犯错）和学习难度（这个主题的知识通过微课学习难不难）这三个维度来选定一个微课主题。企业一般倾向于将绩效价值高、发生频率高、学习难度低的主题作为微课主题。

以向上沟通为例，经过简单的调研和访谈，发现在"接受任务四步法""汇报工作四原则""汇报工作四步法"这三个主题中，如何正确地接受上级布置的任务是学员（基层管理者）最头疼的问题，这个主题对学员而言绩效价值高、发生频率高、学习难度低，因此业务专家可以选定"接受任务四步法"进行微课开发。关键主题列表如表 2-1 所示。

表 2-1　关键主题列表

主　　题	维　　度		
	绩效价值	发生频率	学习难度
接受任务四步法	高	高	低
汇报工作四原则	中	中	中
汇报工作四步法	中	中	中

通过以上四个步骤，业务专家就可以选定自己的微课主题，然后使用微课选题表对选定的微课主题进行梳理，如表 2-2 和表 2-3 所示。

表 2-2　微课选题表

个人信息	释义：业务专家所属部门、岗位、姓名
微课主题	释义：选定的主题要确保颗粒度合适
微课学员	释义：微课是为谁制作的，谁能从中受益
微课价值	释义：微课要解决什么问题，达到什么目的，创造什么价值

表 2-3　微课选题表示例之"接受任务四步法"

个人信息	销售部、销售总监、孙大明
微课主题	接受任务四步法（预估 8 分钟）
微课学员	新晋管理者
微课价值	接受上级布置的任务是新晋管理者的重要职责之一。对新晋管理者而言，只有正确理解并接受上级布置的任务，才能高效地执行，进而获得良好的绩效结果。然而在实际工作中，由于缺少正确的方法，新晋管理者经常会因为错误理解任务而出现领导不满、下属抱怨、个人委屈的现象。因此，本微课将提供四个高效易学的步骤及方法要点，帮助新晋管理者正确理解和接受上级布置的任务

自上而下的系统选题

如表 2-4 所示是某集团微课开发项目中业务专家开发的系列微课主题，仔细看看这些微课主题，它们存在什么问题？

表 2-4　某集团微课开发项目中业务专家开发的系列微课主题

安全驾驶基础	审计方案编制三步骤	这些年你可能用的是假 Excel
4 步搞定复盘	3 分钟学会 Excel 宏	机器人 makrostep 超时问题新解
3 分钟了解悬置	标准编写五大坑排行榜	学会清单管理，打造你的"第二大脑"
在线测量技术介绍	4 步 hold 住项目相关方	创享学堂学员功能展示——学习路径图
整车道路阻力构成	3 招搞定 e 汽学线下课程	拉延模压料圈加工数据不等间隙设计
大灯翻新"五部曲"	产品"可追溯"实现途径	碳纤维及复合材料真空导入成型技术
带你认识奥迪特评审	极速改进 MTM 初步认知	KUKA-C4 型机器人更改运动方式指令
档案整理的六大步骤	Excel 切片经典应用教程	3 分钟教会你审核进绿区组织机构图
分清问题的轻重缓急	7 步快速制作会议桌签技巧	5 分钟告诉你手机无线充电检具的正确运用方法
安全带，你系好了吗	车身焊接飞溅快速消除方法	造型设计师与结构工程师之间的"爱"与"恨"

在辅导业务专家开发微课的过程中，我发现，如果单独看这些微课，每节微课设计得都很棒，但是把这一系列微课主题放在一起之后，就会发现这些微课是不成体系的、碎片化的。这样不成体系的、碎片化的微课即便数量再多，对企业的系统化赋能帮助也不会太大，因为虽然微课本身是具有独立属性的碎片化知识，但碎片化学习是手段而不是目的。企业通过微课赋能的最终目的还是希望员工能够利用碎片化时间进行碎片化学习，最终形成系统的岗位知识和技巧。因此，如果微课开发是培训部门发起的项目，那么在项目初始阶段就要自上而下地做好系统选题工作，这样才能保证一节节有价值的微课能够连点成线，连线成面，连面成体，最终确保员工通过碎片化学习形成系统的岗位知识，进而持续创造岗位价值。

在这里，我给大家推荐的方法是基于关键岗位的关键任务，搭建简易的微课地图，进而选定微课主题，并根据主题匹配专家进行开发。具体来讲，搭建微课地图可以分为五步，分别是关键岗位梳理、关键任务梳理、关键任务分析、关键能力分析、关键课题梳理。

第 1 步　关键岗位梳理

不同的企业有不同的岗位设置，但是大部分企业内部的岗位都可以归纳为"一横一竖"。所谓一横，是指岗位类别，如销售类、市场类、产品类、生产类、设计类、客服类、职能类、战略类等，这些岗位在企业盈利的商业模式和流程中扮演着不同的角色，做着不同的工作。所谓一竖，是指岗位等级，如同一个部门之内有专员、组长、领班、主管、经理、总监，到了事业部及以上层级又有副总裁、总裁、总经理之类的级别，这些岗位在企业战略中扮演着不同的角色，并且不同级别的工作职责和重要程度差异非常大。这一横一竖放在一起就构成了一个庞大的岗位族群。对培训部门而言，在项目时间和项目预算有限的情况下，到底应该围绕哪些岗位进行开发呢？

这就要求培训部门必须以公司战略为导向，对岗位进行盘点和筛选，最终筛选出关键岗位。其中岗位盘点是培训部门的基本功，在此不做赘述。关键是筛选的时候要结合公司实际情况。通常当公司业务模式和产品比较稳定的时候，销售类和产品类属于关键岗位；当公司业务模式转型或推出新产品的时候，参与试点的各个岗位属于关键岗位。培训部门要根据不同的情境筛选出关键岗位，并初步拟订该岗位的胜任目标和适用期限，最终形成如表 2-5 所示的关键岗位列表（以全能顾问为例）。

表 2-5　关键岗位列表（以全能顾问为例）

业务序列	销售序列
岗位名称	全能顾问
适用期限	3 年
胜任目标	能够拿下订单，完成订单的交付实施，并且客户满意度较高，最好能带来复购或新需求

第 2 步　关键任务梳理

每个岗位都有其需要完成的任务，我们可以根据对战略或绩效影响的大小把这些任务分为关键任务（对战略或绩效影响大）和非关键任务（对战略或绩效影响小），培训部门在这一步要做的就是找到关键任务，并对其进行拆解，对最小颗粒度的任务进行定义和解析。

我们以全能顾问的关键任务为例。对咨询公司的全能顾问而言，这个岗位的一级任务有 6 项，分别是拿下订单、实施交付、催促回款、研发产品、营销产品和客户管理，如表 2-6 所示。

表 2-6　关键任务一级列表

一级任务	二级任务	任务定义
拿下订单		
实施交付		
催促回款		
研发产品		
营销产品		
客户管理		

不同任务的复杂度不同，有的可以拆解到三级甚至四级任务，有的只需

要拆解到二级任务即可。我们以营销产品这一任务为例，将其拆解到二级任务即可，分别是撰写文章、录制音频、制作长图文、制作短视频、出版书籍、组织线下沙龙、组织线下公开课，如表 2-7 所示。

表 2-7 关键任务二级列表

一级任务	二级任务	任务定义
营销产品	撰写文章	
	录制音频	
	制作长图文	
	制作短视频	
	出版书籍	
	组织线下沙龙	
	组织线下公开课	

有了具体的任务，我们还要清晰地定义这些任务，即具体要做什么事情。例如，"撰写文章"这项任务的定义是撰写专业文章并在不同渠道发表；"录制音频"这项任务的定义是将自己的文章或课程制作为系列音频微课；"制作长图文"这项任务的定义是为自己的产品设计长图文并进行营销宣传；"制作短视频"这项任务的定义是将自己的文章/课程制作为系列短视频并在不同渠道发布；"出版书籍"这项任务的定义是将自己的专业经验进行沉淀，编撰并出版书籍；"组织线下沙龙"这项任务的定义是组织线下主题沙龙，提高自己在客户端的影响力；"组织线下公开课"这项任务的定义是组织线下公开课，提高自己在客户端的影响力。关键任务定义列表如表 2-8 所示。

表 2-8 关键任务定义列表

一级任务	二级任务	任务定义
营销产品	书写文章	撰写专业文章并在不同渠道发表
	录制音频	将自己的文章或课程制作为系列音频微课
	制作长图文	为自己的产品设计长图文并进行营销宣传
	制作短视频	将自己的文章/课程制作为系列短视频并在不同渠道发布
	出版书籍	将自己的专业经验进行沉淀，编撰并出版书籍
	组织线下沙龙	组织线下主题沙龙，提高自己在客户端的影响力
	组织线下公开课	组织线下公开课，提高自己在客户端的影响力

第 3 步　关键任务分析

有了关键岗位的关键任务，并且对每个具体任务进行了清晰的定义之后，还需要把这些任务拆解为具体的动作才能更好地执行。因此，接下来就要围绕完成任务的关键动作和可能遇到的问题与挑战，对每个具体任务进行分析。我们以"制作长图文"这项任务为例进行关键任务分析，如表 2-9 所示。

表 2-9　关键任务分析

二级任务（任务定义）	关键动作	常见问题与挑战
制作长图文（为自己的产品设计长图文并进行营销宣传）	分析产品，提炼内容	找不到产品的营销点，如优势、亮点、能解决的问题
	选定工具，制作长图文	不知道制作长图文的工具及技巧
	渠道分发，定期推广	制作出来的长图文点击率太低

第 4 步　关键能力分析

了解了完成关键任务的关键动作和可能遇到的问题与挑战之后，接下来就可以分析为了完成动作、克服问题与挑战，进而完成关键任务，目标岗位需要具备的关键能力是什么。我们以关键动作"选定工具，制作长图文"为例进行关键能力分析，如表 2-10 所示。

表 2-10　关键能力分析

关键任务分析		关键能力分析		
关键动作	常见问题与挑战	所需知识	所需技能	所需素质
选定工具，制作长图文	不知道制作长图文的工具及技巧	制作长图文的常用工具	制作长图文的方法和技巧	拥有良好的审美能力

为了完成"选定工具，制作长图文"这个关键动作，并且解决"不知道制作长图文的工具及技巧"这个问题，全能顾问需要了解"制作长图文的常用工具"，掌握"制作长图文的方法和技巧"，并且需要"拥有良好的审美能力"才能做出有吸引力的长图文。

任何一个关键动作的完成都需要目标岗位具备完成该动作的知识、技能和素质。因此，在对关键能力进行分析的时候，要尽量从这三个方面进行比较全面的分析。当然，限于实际情况，并非每个能力项都要填写。

第 5 步　关键课题梳理

有了完成关键任务（关键动作）所需要的关键能力（知识、技能和素质）之后，培训部门就可以确定目标岗位需要学习的课程主题。如果课程主题的颗粒度较大，则需要对其进行适度拆解；如果颗粒度符合微课要求，则无须再拆解，最终选定微课主题和开发顺序。

对全能顾问而言，从完成关键动作"选定工具，制作长图文"所需要的三项能力进行剖析，可以以工具及其使用技巧为中心推导出多节微课，但是考虑到实用性和可复制性，我们最终选定一个工具（PPT），如表 2-11 所示。

表 2-11　关键课题列表

关键任务	微课主题
关键任务分析 **关键动作**：选定工具，制作长图文 **常见问题**：不知道制作长图文的工具及技巧 **关键能力分析** **所需知识**：制作长图文的常用工具 **所需技能**：制作长图文的方法和技巧 **所需素质**：拥有良好的审美能力	三步教你做出长图文微课

关键岗位梳理—关键任务梳理—关键任务分析—关键能力分析—关键课题梳理，通过这五个步骤的层层推演，最终培训部门可以得到一张微课地图，并根据业务专家的优势，为不同的主题匹配不同的业务专家，系统地进行微课的开发和管理。

当然，在自上而下的系统选题中，要想得到目标岗位的认可，就要带着目标部门一起运用这五个步骤进行梳理，这样得出来的结果才是目标部门认可的，同时也能充分满足目标部门的学习需求。

最终我们选定的微课主题既要具备系统性，能够系统地帮助关键岗位通过微课进行学习；又要能够创造价值，可以帮助学员解决问题、提高绩效。

那么，如何确保每节微课都能够帮助学员解决问题、提高绩效呢？这就需要我们在开发每节微课之前确定微课的学员和目标。

确定学员，明确目标

在开发微课的过程中，即便微课主题已经选定，但是讲解的内容和深浅程度还是会有所不同，为什么会这样呢？这是因为虽然微课的主题选定了，但是还没有明确的目标来指引微课的内容。因此，确定微课主题之后，还要明确微课的培训目标，进而更加清晰地定义微课要讲解的内容范围和深浅程度，同时也可以让目标学员了解自己通过学习这节微课能获得什么收益。

线下课程的培训目标制定起来比较复杂，要考虑多种因素并最终使用 A、B、C、D 或表现性目标来呈现。微课的培训目标制定起来则相对比较简单，主要考虑以下三点。

学员：要向谁讲这节微课，即目标学员是谁。这一点前文已经讲过，不再赘述。

要点：要帮助学员解决什么问题、讲解什么内容。

目的：向学员讲解微课的目的是什么，希望学员通过学习这节微课获得什么收益。

通过思考以上三个问题，可以综合得出微课的培训目标，即希望谁通过学习微课获得什么收益。

例 1："三步教你做出长图文微课"的培训目标是让全能顾问通过学习使用 PPT 制作长图文的步骤和技巧，制作出能够吸引客户的长图文。其中，全能顾问是对象，使用 PPT 制作长图文的步骤和技巧是要点，制作出能够吸引客户的长图文是学员可以获得的收益。

例 2："三招教你搞定 VIP 客户"的培训目标是让客户经理通过学习给 VIP 客户倒水的步骤和方法，为 VIP 客户创造良好的体验。

例 3："掌握 STAR，成为星探"的培训目标是让面试官通过学习 STAR 提问法，在面试中聚焦于应聘者的实际行为而非假设。

例 4："高效汇报工作四原则"的培训目标是让基层主管通过学习向上级汇报工作的流程和方法，在汇报的时候做到结果先行、有理有据。

例 5："学会这一趴，演讲顶呱呱"的培训目标是让公司高管通过学习掌握演讲技巧 ASC，在对外发言时进行结构化、故事化的表达，塑造公司品牌形象。

拥有微课主题和目标只是开发一节微课的第一步。至此，我们已经有了方向和目标，但是在这个基础上应该具体讲解什么内容？这些内容用什么结构呈现才能使学员的学习效率更高？这节微课属于什么类型？关于这些问题的答案将在第 3 章——揭晓。

CHAPTER 3

第 3 章
萃取内容

通过第 2 章的学习和实践，我们拥有了一系列的微课主题，并且明确了每节微课的学员和培训目标，接下来要做的就是萃取微课内容。

对一节时长 5~8 分钟的微课而言，其字数往往为 1 500~2 000 字，可谓字字箴言、宝贵无比。因此，我们既要保证自己萃取出来的内容有干货、有价值，又要保证微课逻辑清晰、便于记忆。

梳理微课结构

"你是怎么记住自己的身份证号码的？"每次讲微课开发，我都会问学员这个问题，我发现很多人都是把身份证号码分成三部分或四部分进行记忆的，这个答案一方面说明即便是我们常用的身份证号码，也需要使用相应的方法才能形成有效记忆，更不用说一节 2 000 字左右的微课了；另一方面说明人们习惯使用结构化的方式记忆信息。

想象一下你正在上一节非常重要的课，这时候如果老师说"同学们，今天这节课我要讲 15 点"，估计你直接就懵了。如果他说"关于这节课，我主要讲 3 点，第一点有 5 个方面……"其实内容还是 15 点，但是你会感觉好很多。

之所以会出现这种现象，是因为我们的大脑分为左脑和右脑，其中左脑掌管的是逻辑和结构，所以对接触到的信息，我们总是下意识地对其进行归类。对我们学到的知识，我们总想把它们变得非常系统，既要让它们成为独立的模块，又要为它们搭建逻辑结构，否则就会觉得脑子里面的知识是一团糨糊，心中充满焦虑。

因此，开发微课的时候，我们要思考为了达到培训目标，需要哪几个模块的知识，这几个模块应该用什么结构呈现，才能让学员更好地接受和记忆。

在传统的课程开发中，因为模块较多，用到的结构类别也比较多，如金字塔结构、时间结构、递进结构、并列结构、3W 结构等。而在微课开发中通常使用三种结构，分别是金字塔结构、并列结构和递进结构，如图 3-1 所示。

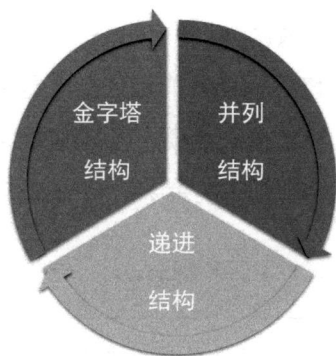

图 3-1　微课开发的结构

金字塔结构

金字塔结构是结构化的一个经典工具，如图 3-2 所示。作为一个整体性的微课结构，金字塔结构通常分为三层，第一层是主题，也就是要表达的中心思想，第二层是支撑主题的论点，第三层是支撑论点的论据。

金字塔结构在纵向关系上可以概括为由上至下、上下包含，即主题涵盖论点，各个论点涵盖下面的论据；主题和论点之间、论点和论据之间的最佳比例是 1∶3，因为我们大脑的最佳记忆结构是 3（经过专业训练的领导讲话总是说"接下来我讲 3 点"），最多不要超过 7，因为 7 是人类短期记忆的平均极限。

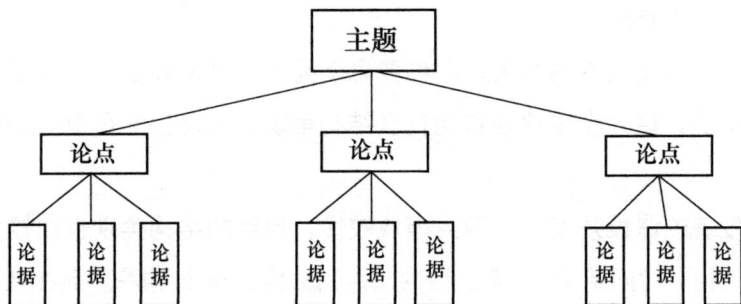

图 3-2　金字塔结构

　　金字塔结构在横向关系上遵循 MECE 法则，即同一层级的模块之间彼此独立、不重复、不交叉、不遗漏。

　　为了更好地理解金字塔结构，我们可以考虑易中天教授在《百家讲坛》中讲述官渡之战中袁绍大势已去的视频。这段视频共计 1 563 字，如果把这段视频当作一节微课的话，那么它的金字塔结构如图 3-3 所示。

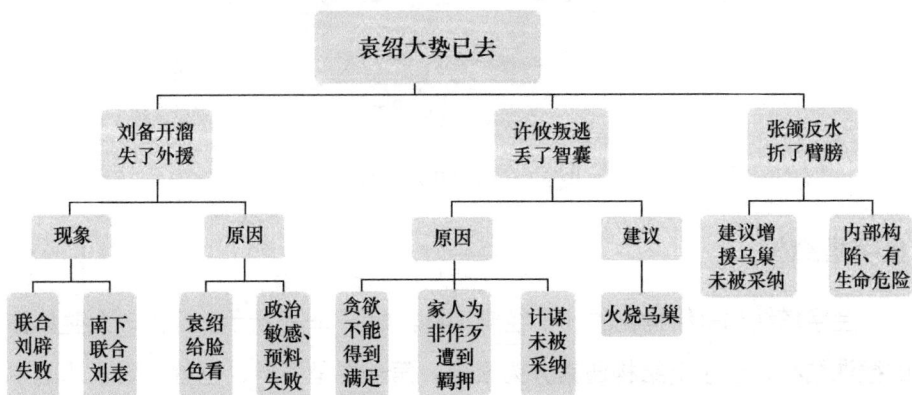

图 3-3　"袁绍大势已去"的金字塔结构

　　在纵向上，主题"袁绍大势已去"包含三个论点，分别是"刘备开溜失了外援""许攸叛逃丢了智囊""张颌反水折了臂膀"。其中，"刘备开溜失了外援"这个论点包含两个论据，在现象上表现为"联合刘辟失败"和"南下联合刘表"，在原因上表现为"袁绍给脸色看"和"政治敏感、预料失败"；"许攸叛逃丢了智囊"这个论点包含两个论据，在原因上表现为"贪欲不能得到满足""家人为非作歹遭到羁押""计谋未被采纳"，在建议上表现为"火烧乌巢"；"张颌反水折了臂膀"这个论点包含两个论据，分别是"建议增援乌巢未被采纳""内部构陷、有生命危险"。整个金字塔结构在纵向上由上至下、上下包含，即主题涵盖三个论点，每个论点又涵盖下面的两个论据。

在横向上，支持刘备开溜的论据只能支持刘备开溜，不能支持许攸叛逃和张颌反水，支持许攸叛逃的论据不能支持刘备开溜和张颌反水，支持张颌反水的论点不能支持刘备开溜和许攸叛逃，各个论据之间不交叉、不重复、不遗漏，充分遵循了 MECE 法则。

作为整体性结构，金字塔的主要作用是搭建微课的整体框架，那么金字塔结构中的第二层和第三层应该使用什么结构呢？可以使用并列结构和递进结构。

并列结构

并列结构是指如果两句话所传递的信息在重要性上差不多，就可以把它们一前一后地排列起来，或者用并列连词（和/或）把它们连接起来。

并列结构可以是词的并列，可以是词组的并列，也可以是分句的并列。并列结构既可以是双项并列，也可以是多项并列。

在微课中，并列结构主要用来表示各个模块之间是并列存在的关系，彼此之间相互独立、互不归属。

如图 3-4 所示分析了如今手机 App 之所以分外流行，是因为它们都利用了不同维度的人性。其中自然属性、心理属性和社会属性这三个维度属于并列结构；每种属性下面的人性也属于并列结构。

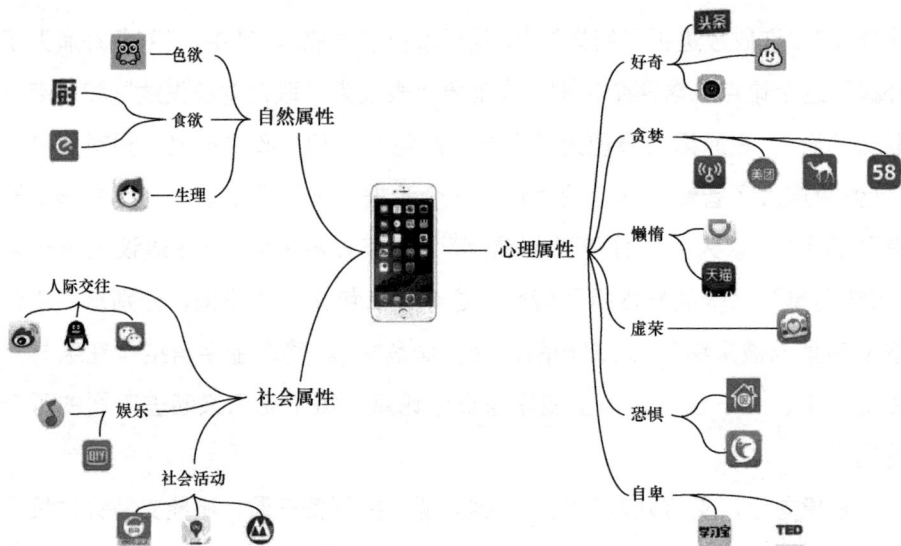

图 3-4　手机 App 利用了哪些人性

递进结构

递进结构是指按照事物或事理的发展规律和逻辑关系，一层进一层地安排组织材料，层次之间是递进的结构方式。其特点是环环相扣，层层递进，不断深化，富有逻辑效果，适应读者的接受习惯。

在微课中，递进结构是指各个模块按照某种内部规律进行排序。如图 3-5 所示，从管理自我到管理团队再到管理组织是递进结构，《大学》中讲的修身、齐家、治国、平天下也是递进结构。当我们在微课中讲解的重点是工作步骤、工作流程时，就可以使用递进结构。

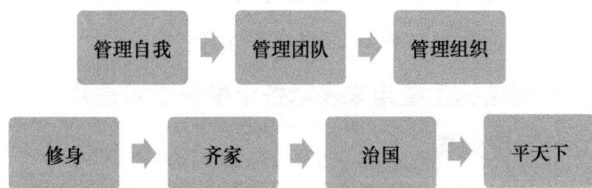

图 3-5　递进结构

几乎世界上所有的结构都是由空间和时间两大维度组合构成的，并列结构本质上是一种空间结构，递进结构本质上属于一种时间结构。

最终，我们可以使用金字塔结构、并列结构和递进结构来构建微课的整体结构，如图 3-6 所示。微课的整体结构使用的是金字塔结构，第一层是微课名称，第二层的开场、正文和结尾使用的是递进结构，第三层可以根据实际情况使用并列结构和递进结构。需要注意的是，同一模块包含的下级模块之间只能同时使用一种结构。

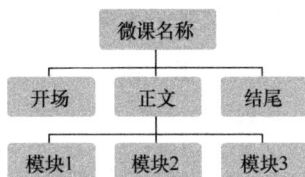

图 3-6　微课的整体结构

实践案例 3-1

某集团员工微课"三步教你做出长图文微课"的金字塔结构如图 3-7 所示。

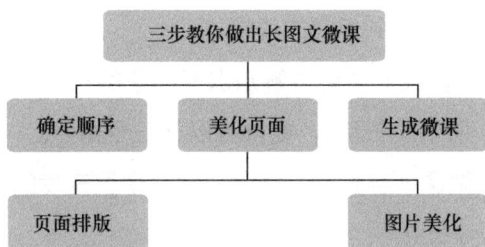

图 3-7　"三步教你做出长图文微课"的金字塔结构

微课"三步教你做出长图文微课"，整体使用的是金字塔结构，第二层的确定顺序、美化页面和生成微课使用的是递进结构，第三层的页面排版和图片美化使用的是并列结构。

萃取微课内容

通过梳理微课结构，我们明确了一个微课主题包含几个模块的知识，并且明确了不同层级的各个模块之间的逻辑关系，满足了左脑的记忆需求，接下来要做的是萃取各个模块包含的具体内容。

传统线下课程讲解的内容通常被分为知识、技能和态度三种类型，其中知识被分为陈述性知识、概念性知识、原则性知识、流程性知识；技能被分为智慧技能、人际技能、动作技能。

微课内容不用区分得这么细，只需要按照知识、技能和态度进行划分即可。其中，知识和简单的技能适合做成微课进行传播，复杂的技能（需要进行大量的重复练习才能掌握）和态度不适合做成微课，因为知识更多的是讲解事实、概念、原理、流程、方法、工具。简单的技能主要讲解特定问题的解决方法和技巧。这些知识、方法和技巧学习难度较低，通过观看微课可以掌握，而复杂技能的掌握和态度的改变是一个长期的系统工程，我们很难通过一门 5～8 分钟的微课得到想要的效果。

因此，在微课中，我们主要讲解知识和简单的技能，而且讲解的内容要保证"干货满满"。所谓"干货"，要符合以下三个特点。

- 有针对性。微课内容是专门针对特定的学员开发的，不是简单的知识堆砌。

- 有价值。微课内容能帮助学员解决一个特定问题，学员学会之后能在工作中创造价值。

- 可复制。微课内容不能是过于个性化的、只有业务专家才能使用的知识和技能，应该是具有共性和普适性的知识和技能。

有针对性、有价值、可复制的内容往往需要业务专家根据主题和目标在各个模块下进行萃取。一方面，萃取技术是一个系统的复杂技术，如果想要全面掌握萃取技术，需要系统地学习和长期实践；另一方面，微课之所以被称为微课，就在于一节微课只有 2 000 字左右，它的内容萃取应该是简单、敏捷、高效的，也就是说，微课的内容萃取要"做轻不做重"。

在长期辅导学员萃取微课内容的过程中，我研发了"微课内容萃取表"来帮助业务专家快速萃取每个模块下具体要讲的内容，如表 3-1 所示。

表 3-1　微课内容萃取表

序号	一级目录	二级目录	常见问题	正确行为		内容要点	参考资料/工具
			难点/易错点	基本行为	更好的行为	提炼总结	表格/话术等
1							
2							
3							
4							
5							

针对每个模块，在萃取微课内容之前，我们要思考学员在这个模块中可能遇到的问题，然后思考学员解决这些问题之后应该表现的正确行为，最后对正确行为进行提炼总结，并尽量辅以简单、可落地的工具，如话术、表单等。

实践案例 3-2

某公司员工"三招教你搞定 VIP 客户"微课内容萃取表如表 3-2 所示。

表 3-2　"三招教你搞定 VIP 客户"微课内容萃取表

序号	一级目录	二级目录	常见问题	正确行为		内容要点	参考资料/工具
			难点/易错点	基本行为	更好的行为	提炼总结	表格/话术等
1	快速接待	倒水	客户坐下之后没人倒水	客户坐下之后，马上给客户倒水	1.水要倒七八分满 2.询问客户要热水、温水还是凉水	客户坐下后 1.倒水前：询问水温，问客户需要热水、温水还是凉水 2.倒水时：水倒七八分满 3.倒水后：双手将水杯递给客户，手指不触碰杯沿	话术 1：××先生/女士，您要喝热水、温水还是凉水 话术 2：我给您放在这边，您小心烫
2							
3							

在表 3-1 中，对第一模块中的倒水来说，常见问题是：由于经验和意识不够，学员（新任 VIP 客户经理）在客户进来坐下之后没有做出"倒水"这个行为，导致客户的体验不好。这个问题解决之后，客户经理应该表现的基本行为是客户进来坐下之后，马上为客户倒水。如果只是萃取到基本行为，那只是表层经验，接下来还需要思考："如果是专家来做这个行为的话，有没有更好的行为？"很明显"水要倒七八分满""询问客户要热水、温水还是凉水"这些都是更好的行为（还可以继续追问）。有了这些更好的行为之后，就需要对其进行提炼和总结。此时可以按照倒水前、倒水时、倒水后的递进结构梳理。因此，在"内容要点"这个小模块，要给新任 VIP 客户经理讲解的内容就是："倒水前：询问水温，问客户需要热水、温水还是凉水；倒水时：水倒七八分满；倒水后：双手将水杯递给客户，手指不触碰杯沿"。最后结合情境辅以话术配合。

除了敏捷萃取，我们还可以通过以下两个渠道收集微课内容。

业务资料：业务部门已经建立的工作流程、工具、模板、工作宝典、汇报资料等。

原有课件：企业已经开发或引进的相关课程，其中可能包括部分原理、方法、案例。

填写微课简况表

当微课有了明确的主题、学员、目标、结构和内容之后，为了便于后期的设计和制作，需要将这些信息进行系统化的整理，这里提供一个工具——微课简况表，如表 3-3 所示。

微课简况表包含两个部分。第一部分是微课的基本信息。其中，**微课主题**是通过散点选题或系统选题选定的主题，务必要保证主题的颗粒度合适，能够在 5~8 分钟内讲解完毕；**微课学员**是指微课的受益群体，学员越聚焦，微课的价值越大；**微课价值**是指微课学员在完成关键任务时遇到的关键问题，以及本微课要讲解的主题和问题被解决之后能创造的价值；**培训目标**是在主题、学员和价值确定之后的进一步聚焦，主要明确学员可以通过学习微课的什么内容获得什么收益；**微课类型**是指微课属于什么类型，本书提供了 6 种常见的微课类型，分别是知识型微课（以讲解知识为主）、产品型微课（以讲解产品为主）、任务型微课（以讲解完成任务需要的步骤、方法、操作要点为主）、问题型微课（以解答或解决问题为主）、技巧型微课（以讲解工作中的关键技巧为主）、工具型微课（以讲解工具的功能和使用方法为主）；**微课形式**主要包含四种，分别是 PDF、长图文、音频、视频，具体选择哪种形式要根据实际情况决定。

表 3-3　微课简况表

基本信息					
专家姓名		所属部门		所在岗位	
微课主题	释义：选定的主题要确保颗粒度合适		微课学员	释义：微课的受益群体越聚焦越好	
微课价值	释义：说明微课学员在完成关键任务时遇到的关键问题，以及本节微课要讲解的主题和问题被解决之后能创造的价值				
培训目标	释义：您希望谁通过学习什么内容获得什么收益				
微课类型		参考：A. 知识型，B. 产品型，C. 任务型，D. 问题型，E. 技巧型，F. 工具型			
微课形式		参考：A. PDF，B. 长图文，C. 音频，D. 视频，E. 其他			
内容信息					
一级目录	二级目录	内容要点		参考资料/工具（表格/话术等）	
内容来源		参考：A. 规章制度，B. 政策法规，C. 经验总结，D. 理论教材，E. 其他			

第二部分是微课的内容信息，其中**一、二级目录**是结构化的课程模块；**内容要点**和**参考资料/工具**是使用微课内容萃取表萃取整理的内容；**内容来源**是微课内容的主要来源，包含企业内部的规章制度、政策法规、业务专家的经验总结和专业的理论教材。明确来源是为了便于我们更加充分地准备微课

内容，也为自己制作微课、收集素材做好准备。

实践案例 3-3

"三步教你做出长图文微课"微课简况表如表 3-4 所示。

表 3-4 "三步教你做出长图文微课"微课简况表

基本信息					
专家姓名	元宵	所属部门	咨询部	所在岗位	首席顾问
微课主题	三步教你做出长图文微课		微课学员	助理顾问	
微课价值	对助理顾问而言，营销产品是其关键任务之一。长图文由于分发渠道较广、转发更加便捷、使用频率较高，成为营销产品的有效工具之一。然而在选定工具制作长图文的过程中，由于助理顾问对于制作长图文常用的工具及使用技巧缺乏了解，导致费时费力做出来的长图文效果极差。因此，本微课将围绕制作长图文的一个关键工具及其使用技巧进行讲解，使助理顾问制作出满足客户审美需求的长图文，提高长图文在各个渠道中的转发量，进而提高产品销量				
培训目标	让助理顾问通过学习使用 PPT 制作长图文的步骤和技巧，制作出能够吸引客户的长图文				
微课类型	F	参考：A. 知识型，B. 产品型，C. 任务型，D. 问题型，E. 技巧型，F. 工具型			
微课形式	D	参考：A. PDF，B. 长图文，C. 音频，D. 视频，E. 其他			
内容信息					
一级目录	二级目录	内容要点		参考资料/工具	
确定顺序	确定顺序	1.第 1 页：微课主题（含 Logo） 2.第 2 页：培训目标 3.第 3 页：微课目录（结构化呈现） 4.第 4～第 x 页：正文内容 5.第 x+1 页：微课总结（金句总结/测验）		微课内容排序表	
美化页面	页面排版	1.封面设计：全图封面、半图封面、无图封面 2.幻灯片大小：宽屏 16：9、普屏 4：3 3.逻辑化表达三步骤：提炼信息、判断关系、转换图表（SmartArt） 4.对齐：选择对齐内容，执行"格式—对齐"命令，选一种对齐方式（左对齐、右对齐、居中对齐）即可 5.聚拢：相关内容是否汇聚，无关内容是否分离 6.突出：改变字体、加粗字体、加下画线、将字体变斜、改变字号、改变字体颜色、改变字体背景颜色等		PPT 软件（2013 及以上版本）	

（续表）

内容信息			
一级目录	二级目录	内容要点	参考资料/工具
美化页面	图片美化	1.插入图片：执行"iSlide—资源—插图库"命令，选择一张图片 2. 给图片添加特殊效果：选中图片，执行"图片工具格式—图片样式"命令，选择一个样式。接着单击"图片效果"按钮，在下拉框中选择一种效果 3.裁剪出不同的效果：选中图片，执行"图片工具格式—裁剪"命令，在下拉框中选择"裁剪为形状"或"裁剪为纵横比"	PPT 插件 iSlide
生成微课	生成微课	执行"iSlide—工具—PPT 拼图"命令，调整参数后单击"另存为"按钮，选择保存位置保存 PPT	
内容来源	C	参考：A. 规章制度，B. 政策法规，C. 经验总结，D. 理论教材，F. 其他	

CHAPTER 4

第 4 章
设计呈现

如果把微课比作一道菜，那么通过主题选定、内容萃取及微课简况表的综合梳理，微课这道菜在营养价值上已经能够满足食客的需求，但这样的微课未经设计，有点像茹毛饮血时代的原始人套餐，不能满足移动互联网时代的食客对菜品色香味俱全的需求。因此，为了能够成功吸引食客并帮助他们更高效地获取营养，我们还需要对微课这道菜进行设计和加工，让它变成一道有营养、有卖点、有亮点的名菜。具体来讲，我们可以通过三个步骤对微课进行设计，并产出脚本，这三个步骤分别是开篇勾起兴趣、正文强化处理、结尾检查收获。

开篇勾起兴趣

自从微信成为我们生活办公的标配之后，通过阅读公众号进行碎片化学习已经成为我们的习惯。想一想：当我们阅读公众号的时候，哪类文章能够迅速吸引我们的眼球？哪类文章能够吸引我们一直看下去？又有哪类文章是我们不想点击或点击阅读之后会迅速退出的？

其实不仅阅读公众号如此，学员在观看微课的时候也会出现这样的情景：有些微课虽然干货满满，但学员就是不愿点击或持续观看；有些微课不仅干货满满，还能快速吸引学员的眼球，持续引发学员的兴趣，让学员畅快淋漓地看完之后大呼过瘾。两者的差异往往在于是否对微课的开篇进行了精心设计。

那么，如何设计才能使微课一开篇就吸引学员眼球，引发学员兴趣，促使学员畅快淋漓地看完呢？这就要靠设计标题、挖掘痛点和介绍要点这三个步骤来实现。

第 1 步　设计标题

如表 4-1 所示列举了我曾经辅导的部分微课标题。你认为 A 和 B 哪类标题更有吸引力？

表 4-1　微课标题大 PK

A 类标题	B 类标题
握手礼仪	握好双手，握好人脉
扇面点钞法	教你成为点钞王
删除图片背景	如何将 PPT 玩成 PS
顾问师必备销售技巧	月薪五千元和月薪五万元的顾问师的区别
如何让客户全家购买保险	学会这四点，全家买保险

很明显 B 类标题更有吸引力，文章标题对于吸引读者至关重要。很多时候看到公众号或朋友圈里面的文章，决定我们是否点击阅读的一个关键因素就是这篇文章的标题是否能够吸引我们。微课也是一样的道理，微课不但内容很重要，标题也很重要。那么，如何给微课取一个有吸引力的标题呢？

本书为大家分享四种方法，分别是：主题要点法、效果吸引法、疑问好奇法、比喻修辞法。

主题要点法

主题要点法是指对微课内容的要点进行提炼后，将微课主题作为标题，明确说明要点的数量，公式是：

标题=微课主题+量化

例如，"微课制作六步法""新生儿沐浴七步曲""向五种违规用电说'NO'""湿疹宝宝护理的三个细节""交接班交流三件事"。

效果吸引法

效果吸引法是指把微课要达成的效果和结论作为标题，以吸引学员的注意力，并明确学习收益，公式是：

$$标题=时长+效果$$

例如，"三分钟学会 Excel 宏""三分钟看懂零售 e 学""两分钟带你解读 O2O""三招轻松学：Word 文档目录自动生成技巧""职场进化终极指南：从月薪 5 000 元到月薪 50 000 元需要怎样的素质""学会这四点，全家买保险""掌握这四步，送审赛光速"。

疑问好奇法

疑问好奇法是指将微课要回答或解决的问题作为微课标题，激发学员的好奇心。这种标题的要诀是挖掘痛点，而且痛点表现出的场景化越强，吸引力就越大。

例如，"为什么学过很多道理，依然过不好这一生""你要如何表现才能 Hold 住全场""屡遭客户拒绝，我该怎么办""宝宝感冒怎么办""如何有效激励员工""这些年你用的可能是假 Excel"。

比喻修辞法

比喻修辞法是指引用成语、诗句、俗语或谐音等作为标题，常用于设计一个揭示主题的副标题。

例如，"机来机往，入位有方""小标签，大作用——基础设计东区班组线缆标签化实践""照亮遗忘的角落，消除潜在的隐患""美妆 PPT——1～3 分钟搞定配色难题""爸妈们的福音——医师教你如何瞬间让小宝宝停止哭闹""你会给皮肤遮阳吗""培训照片会说话"。

以上就是设计微课标题常用的四种方法。总结来说，在给微课设计标题的时候，要始终围绕主题、问题、效果、量化、时长、比喻修辞等要素开展。

第 2 步　挖掘痛点

通过标题吸引学员点击浏览之后，如何才能吸引学员一直看下去呢？这就要求我们呈现反面案例，充分挖掘学员痛点，通过痛点来引发学员的学习兴趣。

同样是讲 Excel 这个工具，下面是两个不同微课的开篇内容，哪个开场更能吸引你呢？

"三分钟学会使用 Excel 宏"微课开篇。

张三是一个职场新人，领导总是给他分配一些用 Excel 制作和分析数据的工作，张三发现用 Excel 处理数据就是机械化地重复一些像复制、粘贴、数据透析、选择文本、排序这样的工作。大量的重复性工作让张三感到非常疲劳。有一天，张三看了电影《铁甲钢拳》，从中得到了启示，他也想找个机器人模仿自己的动作，让自己得到解放，可是有什么办法呢？

下面向大家隆重介绍一下宏这个功能，利用宏，张三可以完成很多原本 Excel 不支持的特殊任务，也可以重复完成一些快捷操作，大量复杂而烦琐的工作都可以通过宏来完成。

"这些年你用的可能是假 Excel"微课开篇。

在日常工作中，我们经常需要把大量 Excel 数据分发给不同类别的人员，面临的困难是时间短、任务重、易错易漏，张三就遇到了这些问题。

场景 1

领导：张三，下班前把公司全员基本信息分发给各部门负责人。

张三：领导，20 000 多名员工、100 个部门，这么大的信息量，离下班就剩下半小时了，微臣做不到啊！

领导：不管你用什么形式，今天下班前必须发出去！明早动员大会要用，还得给各部门预留准备时间。

场景 2

张三：兄弟，帮个忙，把这个表中前 20 个部门的人员信息，按部门分别复制到新的工作簿。对对对，非常着急，改天请你吃饭。

张三：王姐，帮个忙，把这个表中第 21—第 40 个部门的人员信息，按部门分别复制到新的工作簿。

王姐：复制？先说说你是咋做的？

张三：新建工作簿，把原数据复制、粘贴进去，最后保存，领导要求下班前一定要发出去，帮帮忙。

王姐：简单，把数据源给我。瞧好了，分两步走，三分钟帮你搞定。

很明显，"这些年你用的可能是假 Excel"这节微课的开篇更有吸引力。因此，制作微课时，应在微课开篇尽量使用情境化的方式将学员带入他们在工作中经常遭遇挑战的场景，进而深度挖掘痛点，引发兴趣，完美开篇。

第 3 步　介绍要点

通过标题和痛点成功抓取学员的注意力，引发学员的兴趣之后，还要介绍微课要点。因为成年人是带着目的来学习的，所以哪怕只是一个 5～8 分钟的微课，我们也要告诉学员通过学习这节微课能获得什么收益，同时告诉学员可以学到哪些关键知识，即培训目标和微课一级目录。

正文强化处理

随着微课的普及，很多人都会进行一些碎片化学习，我们可以回顾一下自己看视频或听音频学习的情景，然后想想在这么多次碎片化学习中，哪次学到的内容到现在还记得？哪次学到的内容记忆的时间比较长？哪次学到的内容过了一两天之后就忘记了？为什么会这样呢？

仔细思考之后我们会发现，在看视频或听音频的时候，如果没有对这些知识进行处理，哪怕当时记住了，很快也会忘记。相反，不管我们通过什么渠道学习的知识，只要我们对这些知识进行了处理，如画一个图形、画一个脑图、与自己已有的知识做关联，或者把新知识嵌入自己的知识体系，我们对这些知识的记忆程度就会加深很多，记住的时间也往往会比较长。

这些记忆现象背后有一个永恒不变的学习真理,那就是:真正的学习发生在学员对知识的**处理**阶段,而不是**传递**阶段。

如果用这个真理去观测现场培训,我们会发现,凡是学习效果不好的现场培训,基本上都是讲师在课堂上滔滔不绝地讲授知识、展示个人风采,而不管学员是否参与;凡是学习效果比较好的现场培训,基本上讲师都在通过各种活动调动学员参与进来并对关键知识进行处理。

无论讲师是否有处理思维,无论学员是否愿意参与,现场培训中讲师多多少少都会带着学员做一些活动,他们对知识的处理是可控的,只是意识、数量和质量不同而已。

如果用这个真理观测微课,我们会发现,制作微课的讲师和学习微课的学员不能像现场培训那样聚集在同一空间进行交流,所以在制作完微课并将其上传平台之后,讲师对学员是否会对微课中的知识进行处理、用什么样的方式进行处理、处理的质量如何等全然不知。因此,我们不能期盼学员在学习微课的时候会自行对知识进行处理,这是不可控的。相反,我们应该把精力聚焦在自己可控的事情上,即提前在微课中帮助学员完成对关键知识的处理,想办法让学员低成本地参与到微课中来。

那么,如何以学员为中心,根据微课的培训目标对关键知识进行设计,进而帮助学员快速处理知识,实现学员对内容的理解和长期记忆呢?

方法 1　故事记忆法

如果给你 10 秒的时间去记住图 4-1 中的所有词语,你能记住哪几个词语?

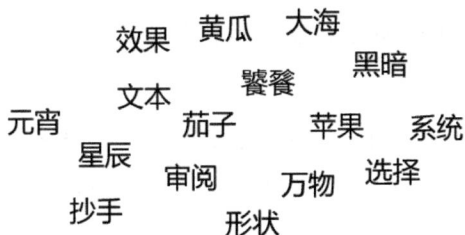

图 4-1　词语记忆比赛

通过多次测试，我发现学员记得比较多的往往是"黄瓜""苹果""大海""星辰"这些可以在大脑中产生图像的感性信息，而对于"选择""形状"这些抽象信息记忆起来则比较困难。为什么会这样呢？这就要提到美国心理生物学家、1981 年的诺贝尔生理学或医学奖获得者斯佩里（R.W.Sperry，1913—1994）博士通过著名的割裂脑实验，证实了大脑不对称性的"左右脑分工理论"。

斯佩里博士研究发现，人的左脑主要从事逻辑思维活动，右脑主要从事形象思维活动，右脑具备左脑不具备的四个重要能力，分别是共振共鸣能力、照相记忆能力、高速大量记忆能力和高速自动处理能力，这些能力、结构和分工导致右脑的存储量是左脑的 100 万倍。

因此，在微课中，我们要想尽一切办法来调动学员的右脑参与进来，如讲故事（案例）和做效果（美丽的图片、好听的声音、炫酷的动画等）。其中，做效果将在第 5 章和第 6 章具体讲解，本节重点讲解如何通过讲故事来调动学员的右脑处理知识、形成长期记忆。

⇨ 实践案例 4-1

"月薪 5 000 元与月薪 50 000 元销售人员的区别"微课设计

以下 3 点是"月薪 5 000 元与月薪 50 000 元销售人员的区别"这节微课的关键知识。

1．销售人员不要一上来就否定客户的观点，要从客户的需求出发。

2．销售人员不要盲目推荐产品，要关注客户的价值感和极致体验。

3．销售人员不要消极没自信，要有底气、有气势、有自信，用专业赢得客户的信任。

如果在微课中直接阐述这些知识，调动的是学员的左脑，知识听起来很枯燥，学员记忆和认同观点的效果都很低，怎么办呢？我们可以换成讲故事的方法调动学员的右脑参与。举例如下。

大家好，在销售过程中如何应对客户的货比三家？客户不了解我们的产品怎么办？我们一起来看看月薪 5 000 元和月薪 50 000 元的销售人员分别是怎么做的。

场景 1

销售人员：先生您好，请问有什么可以帮助您的吗？

客户：你们家空调跟隔壁家看起来差不太多，有什么不同之处吗？

销售人员：隔壁的空调啊，怎么说呢？他们家主要是做工程的，就功能而言，只有制冷和制热这两种最基础的功能，而且他们的产品使用的压缩机都是小品牌，而我们产品使用的压缩机都是国际知名品牌，质量是非常有保障的。

客户：我再看看吧。

销售人员：……

月薪 5 000 元的销售人员存在的问题是一上来就否定客户的观点。面对货比三家的客户，很多销售人员一上来就攻击竞品，这是非常不明智的，因为这一举动不是在否定这个品牌，而是在否定客户的眼光。

场景 2

销售人员：先生这边请，这都是我们的新款产品，您可以了解一下。

客户：你们家空调跟隔壁家看起来差不太多，有什么不同之处吗？

销售人员：我们是专业做空调的，从 1987 年就开始生产空调了，1995 年研发出了第一台变频空调，而且我们还有专利技术。比如这台空调的制冷、制热效果都非常好，而且是极速的，制冷、制热的速度比普通空调快 28%。

客户：我再看看吧。

月薪 5 000 元的销售人员存在的问题是一上来就推荐产品，客户关注的不是产品，而是产品能够给他们带来的价值和极致体验，因此销售人员需要更多地倾听以了解客户的实际需求和潜在需求。那月薪 50 000 元的销售人员是怎么做的呢？

场景 3

销售人员：您好，欢迎光临！

微课开发：四步教你打造精品微课的 101 个技巧

客户：你好，我看你们家的空调跟隔壁家看起来差不太多，有什么不同之处吗？

销售人员：看您挑选得这么细致，想必您是非常注重生活品质的一个人，您买空调是想在哪里使用呢？客厅还是卧室？大概多少平方米呢？

（关键点 1：面对客户的货比三家，优秀的销售人员应当"以顺为先"，先顺着客户的思路和说法，不要强行扭转客户的思维，更不能回击客户、攻击竞品。）

客户：放在客厅用，30 平方米左右吧。

销售人员：像您这种情况，我们的很多客户都倾向使用这款空调，不知道您更看重空调的哪些方面呢？

客户：我还好说，我媳妇儿想要更漂亮一点的，我觉得如果噪声能更小一点、更节能一点、制冷更快一点，那就更好了。我刚结婚，马上准备要孩子，以后我爸妈还要住过来。

销售人员：您刚结婚啊，那要恭喜您了！您也看到了，这款产品的外观非常时尚，是由专业的设计团队来设计的，一定符合您太太的需要。而且这款产品采用的是国际知名品牌压缩机，可极速制冷、制热，此外每个零部件之间都放置了隔音棉，静音效果也非常好，一定会非常符合您和您太太的需要的。

（关键点 2：客户关注的不是产品，而是产品能够给他们带来的价值和体验，我们要多倾听以了解客户的实际需求和潜在需求。）

客户：你这么一说我还真心动了呢，最近有活动吗？

销售人员：先生，您现在来得真是太是时候了，现在是我们的品质节，如果您现在购买这款产品，会有非常大的优惠力度，而且会有好礼等您哟！

（关键点 3：要自信，对自己的产品和公司有底气，引导客户成交。）

客户：好的，非常感谢，谢谢您的推荐。

各位小伙伴，成为月薪 50 000 元的销售人员是不是很简单？让我们一起来总结一下。

1．不要一上来就否定客户的观点，要从客户的需求出发。

2．不要盲目推荐产品，要关注客户的价值感和极致体验。

3．不要消极没自信，要有底气、有气势，用我们的专业知识赢得客户的信任。

在上面的案例中，只是把直接讲授改编成了讲故事的方式，学员的大脑中马上就会充满画面感，右脑立即被调动起来，学员的记忆效率就会提高很多。

如果学员听到的是知识，他们在听的时候会觉得很有道理，但是听完之后这些道理很容易被忘记，因为这种单纯的阐述调动的是他们的左脑。相反，通过讲故事调动右脑的方式既能帮助学员找到使用这些知识的场景，又能让学员对知识形成长期记忆，在一定程度上促进学员学以致用。

方法 2　探索记忆法

什么事情能让人记忆深刻？是完成的事情还是未完成的事情？为了回答这个问题，20 世纪 20 年代心理学家 B.B.蔡格尼克做了一项记忆实验。她让被试者做 22 项简单的工作，如写下一首自己喜欢的诗，从 55 倒数到 17，把一些颜色和形状不同的珠子按一定的模式用线穿起来等。完成每项工作所需的时间大体相等，一般为几分钟，在这些工作中，只有一半允许做完，另一半还没有做完时就被阻止。允许做完和不允许做完的工作出现的顺序是随机的。做完实验后，在出乎被试者意料的情况下，立刻让被试者回忆自己做的 22 项工作是什么，结果显示，被试者对未完成的工作平均可回忆 68%，而对已完成的工作只能回忆 43%。

在上述条件下，被试者对未完成的工作比对已完成的工作记忆更深刻，这种现象就叫蔡格尼克效应。

蔡格尼克效应说明，相对于已经处理完成的任务，我们对于没有完成的任务记忆更加深刻。同理，相对于直接告知的内容，我们对经过努力获取的知识记忆更加深刻。因此，我们在通过微课传递关键知识时，不能将知识直接告诉学员，而应该让他们通过探索自己获得。具体来讲，可以使用如下几种方法达到该目的。

选择题：将关键知识加工成单选题或多选题，通过探索正确选项完成对知识的处理，通过对答案的对比加深记忆。

判断题：将关键知识加工成判断题，通过对知识正确与否的判断完成对知识的处理，通过对答案的对比加深记忆。

连线题：将关键知识加工成连线题，通过对知识的判定、选择和连线完成对知识的处理，通过对答案的对比加深记忆。

填空题：将关键知识加工成填空题，通过调用旧知识完成任务，进而完成对知识的处理，通过对答案的对比加深记忆。

方法3 精加工记忆法

141252365246060

对于上面这串数字，除了重复记忆，有更好的方法可以产生长期记忆吗？

其实我们可以这样来记忆这串数字：1 年 4 个季度 12 个月 52 周 365 天，每天有 24 小时，每小时有 60 分钟，每分钟有 60 秒。当我们对这些数字进行加工（如赋予这些数字意义，或者将它们与我们的旧知有效关联）之后，我们很容易就记住了它们，而且形成了长期记忆。

这种对关键知识进行加工的方法就是精加工记忆法，在这里我为大家提供了 4 种常用的精加工记忆法，分别是英文字母法、关键字法、颜色标签法和数字组合法。

英文字母法是指将关键字的英文字母提炼出来并组成一个常见的英文单词，如 SMART、SWOT、PDCA、DISC、4P 等，这种加工方式在微课中比较常用。

关键字法是指对微课的关键字进行提炼，并组成一个常见的中文词语，如起承转合、说学逗唱、伸手要钱（身份证、手机、钥匙、钱包）、多快好省、十分过瘾（教学活动设计四步骤分别是切时间、明分类、定过程、定引导）。

颜色标签法是指对微课内容进行类比，如色彩性格中使用的红色、黄色、蓝色、绿色，六项思考帽中使用的白色、绿色、黄色、黑色、红色、蓝色。

数字组合法是指把微课的关键内容加上数字进行表示。例如"月薪5 000 元与月薪 50 000 元销售人员的区别"这节微课的关键知识可以总结为"三要三不要"。

1．不要一上来就否定客户的观点，要从客户的需求出发。

2．不要盲目推荐产品，要关注客户的价值感和极致体验。

3．不要消极没自信，要有底气、有气势，用我们的专业知识赢得客户的信任。

在对微课的关键内容进行强化处理时，我们可以通过有效使用精加工记忆法，降低学员的记忆难度，帮助他们提高微课的学习效率。

方法 4　重复记忆法

明末清初著名思想家、学者顾炎武，可以全文背诵"十三经"。他的大脑记忆容量大，记忆准确度高，很大程度上取决于重复得法。据《先正读书诀》记载："亭林（顾炎武）十三经尽皆背诵，每年用 3 个月温故，余月用以知新。"

如果有人让我说出在"记忆"这个维度上自己做过最骄傲的一件事，我会毫不犹豫地说我在 2013 年用一个月的碎片时间背下来了整部《孙子兵法》。如果有人问我是如何记住这 6 075 个晦涩难懂的文字的，我的答案也非常简单，那就是重复、重复、再重复。

如果要探究"重复记忆"背后的原理，那就必须提到赫尔曼·艾宾浩斯（Hermann Ebbinghaus）和他的研究。艾宾浩斯的记忆实验是在 1879—1880 年和 1883—1884 年两个时期进行的，他系统地研究了诵读次数、音节长度、间隔时间等因素对学习、保持、联想和复现这四个记忆阶段的影响，得出了一系列结论，其中最有影响的结论包括以下两条。

1．保持和遗忘是时间的函数。根据艾宾浩斯的研究，在识记之后的最初一段时间里，遗忘的速度非常快，之后遗忘的速度减慢，再往后更慢。把这个研究结果标在坐标上，就得出了著名的"艾宾浩斯遗忘曲线"，如图 4-2 所示。

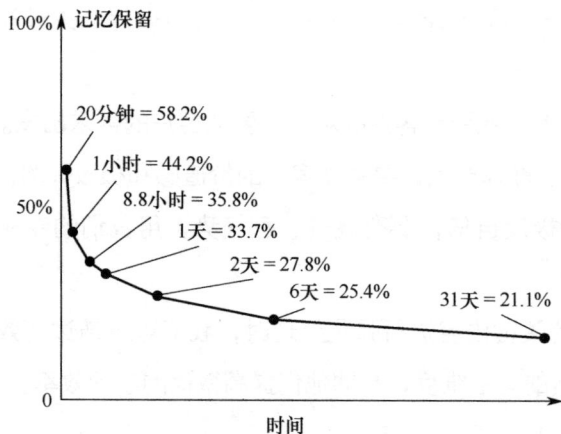

图 4-2　艾宾浩斯遗忘曲线

刚刚学习完毕的知识记忆量是 100%，20 分钟后剩下 58.2%，1 小时后剩下 44.2%，8.8 小时后剩下 35.8%，1 天后剩下 33.7%，2 天后剩下 27.8%，6 天后剩下 25.4%，31 天后剩下 21.1%。

2．保持是反复学习的函数。重复的次数直接影响记忆的结果，但是艾宾浩斯发现，采取什么样的方式重复对记忆结果有着明显不同的影响。一种方式是所谓的"集中学习"，即在短时间内重复进行识记；另一种方式是"间隔学习"，即前一次识记后间隔一定的时间再进行重复识记。艾宾浩斯为自己设定的时间间隔是 24 小时。他的研究显示，间隔学习的效果要优于集中学习。对于同样长度的识记材料，集中学习所需要的重复次数是 68 次，而间隔学习只需要重复 7 次即可达到同样的学习目标。

艾宾浩斯的研究结果和我们的日常经验都说明，"重复乃记忆之母"，因此，微课中的重点知识要在不同的时间节点重复出现，以便让学员有机会反复接触这些知识，提高他们的短期记忆效率。

结尾复习测验

在生活中，你身边是否经常发生以下这些事情？

一个平时工作非常靠谱的人，最近突然做了一件很"不靠谱"的事情，你会认为这个人其实平时就很"不靠谱"。

你来到一家环境一般、服务很差劲的餐厅吃饭，结账的时候餐厅老板不但给你打折，还免费送水果，你突然觉得这家餐厅其实还不错。

你看完一部恐怖电影之后脑海中总是出现一些恐怖的画面，不敢睡觉，又看了一档喜剧节目之后才敢入睡。

之所以会出现以上这些现象，是因为在一系列的体验中，我们往往只会记得最后一刻的事情带给我们的体验，这个现象叫作峰终定律。

诺贝尔奖得主、心理学家丹尼尔·卡内曼（Daniel Kahneman）经过深入研究发现，人们对体验的记忆由两个因素决定：一个是高峰时的感觉，无论是正向的还是负向的，都会记忆深刻；一个是结束时的感觉。这就是峰终定律。

这条定律基于人类的潜意识总结了体验的特点，即对一项事物体验之后，我们所能记住的就是在峰与终时的体验，而在过程中好与不好的体验的比重和时间长短，对记忆几乎没有影响。高峰之后，终点出现得越迅速，这件事留给我们的印象越深刻。

如果我们把峰终定律应用到微课中，"峰"是关键知识；"终"是微课结束时的小结，或者说微课结尾给学员的感觉，这个部分可以通过使用选择题、判断题、连线题、填空题进行测验，也可以用金句总结的方式来帮助学员结构化地复习知识点，强化学习效果。当然，还可以在微课结尾对培训部门、部门领导和辅导顾问表示感谢，毕竟任何一节微课的产出都需要他们的间接支持和直接帮助。

⟹ **实践案例 4-2**

某公司员工设计的微课"大神养成秘诀之手工螺柱焊"的结尾如图 4-3 所示。

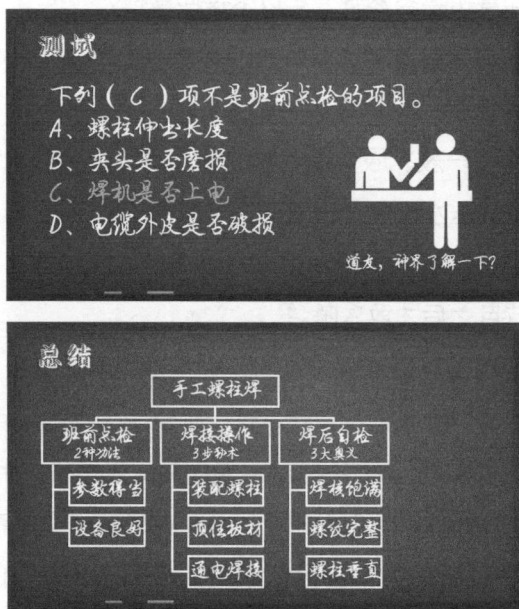

图 4-3　微课"大神养成秘诀之手工螺柱焊"的结尾

经过前面三节的学习，我们掌握了微课在开场、正文和结尾中的设计方法，下面我们可以运用如表 4-2 所示的微课设计模板对微课进行综合设计。

表 4-2　微课设计模板

阶段	方法	内容
开篇	设计标题	
勾起	挖掘痛点	
兴趣	介绍要点	
正文 强化 处理	故事记忆法	
	探索记忆法	
	精加工记忆法	
	重复记忆法	
	其他记忆方法	

（续表）

阶段	方法	内容
结尾 复习 测验	填空题	
	选择题	
	判断题	
	连线题	
	金句总结	

撰写微课脚本

经过前面的实践，微课已经拥有了完整的结构和知识要点，为了便于后期制作微课，接下来需要围绕每个模块的知识要点撰写具体内容，并精确到每个字，这些内容的综合称为"脚本"。

微课脚本从表述方式这个维度可以分为陈述和对话，从表述主体这个维度可以分为人物和物品。最终根据这两个维度可以将微课脚本分为五种类型，分别是人物陈述（类似旁白或自述）、人物对话（含陈述、双人对话、多人对话）、物品陈述（自述居多）、物品对话、人物与物品对话（含陈述）。

人物陈述

⇨ 实践案例 4-3

"复工返岗，你准备好了吗"微课脚本

随着节后返工潮的来临，大部分人即将投入到工作中，面对新冠肺炎疫情，回到工作岗位后的我们应该如何应对呢？

1. 返程后主动如实向所在村、社区和单位报告最近 14 天内本人外出情况、与疫区及重点地区人员等的接触情况、本人与同住人员的身体健康情况；出现发热、咳嗽等症状的，要及时就诊并报告。

2. 经测温、核查、登记后进出小区门口，上下班尽量不乘坐公共交通

工具。如必须乘坐公共交通工具时，务必全程佩戴口罩。途中尽量避免用手触摸车上物品。

3．进入办公楼前自觉接受体温检测，体温正常方可入楼工作，并到卫生间洗手；若体温超过 37.2℃，请勿入楼工作，并回家观察休息，必要时到医院就诊。

……

人物对话

⇨ 实践案例 4-4

"新冠肺炎——工作区域防护知识"微课脚本

旁白：伴随着新冠病毒的肆虐和患病人数的激增，正确防疫、远离病毒已经成为全民关心的头等大事。那么，在工作区域，我们应该如何做好个人防护呢？

护士：上班途中如何做好防护？

医生：建议步行、骑行或乘坐私家车、班车上班，尽量不乘坐公共交通工具，如必须乘坐公共交通工具时，务必全程正确佩戴医用口罩，途中尽量避免用手触摸车上物品。

护士：下班路上如何做好防护？

医生：佩戴一次性医用口罩外出，回到家中摘掉口罩后首先洗手消毒。手机和钥匙使用消毒湿巾或 75%酒精擦拭。

……

物品陈述

⇨ 实践案例 4-5

"灭火器的自述"微课脚本

Hi，大家好，我的名字是干粉灭火器，虽然我的个头不大，但是大家都需要我，我是消防中必须配备的工具。通常我被放在消防柜中，大家也可以单独将我放置在需要的地方，一旦发生火灾，就是我大显身手的时候。首先……

微课的 6 种类型

作为餐饮文化大国，我们可以根据地理环境、气候产物、文化传统及民族习俗等因素，将中国菜分为八大菜系，分别是鲁菜、川菜、粤菜、闽菜、苏菜、浙菜、湘菜、徽菜，不同的菜系有着不同的特点。

同样，我们也可以根据微课在主题、结构和内容上的不同，将微课分为 6 种类型，分别是知识型微课、产品型微课、任务型微课、问题型微课、技巧型微课和工具型微课。

知识型微课以讲授具体的知识为主。通常在开篇以学员使用知识时遇到的问题来勾起学员兴趣，在正文中重点阐述知识要点和知识应用指南，在结尾处做一个总结或测验。

产品型微课主要以销售产品或介绍产品为主。

- 销售产品型微课的学员是客户，这类微课的结构有两种：一种是在开篇帮助客户分析并告知他们需要某种价值/体验/功能，在正文中阐述我们的产品拥有这种价值/体验/功能，并且用一名客户的案例来证明我们产品的这种价值/体验/功能很好，在结尾处做个金句总结；另一种是在开篇分析并告知客户应该购买某种价值/体验/功能，在正文中阐述我们的产品就是这样的，并且用一名客户的案例来证明我们产品的这种价值/体验/功能确实很好，在结尾处做一个金句总结。

- 介绍产品型微课的学员是销售人员，目的是让销售人员通过学习来更好地销售产品。通常在开篇通过产品对比或其他方式说明产品 A 很畅销，在正文中阐述产品 A 的卖点和销售技巧、话术等，在结尾处做个总结和测验。

微课开发：四步教你打造精品微课的 101 个技巧

任务型微课以介绍完成一个任务所需要的步骤、方法、操作要点为主。通常在开篇以任务的使用场景和问题来勾起学员兴趣，在正文中阐述任务操作的流程、步骤、方法、要点，在结尾处做一个总结或测验。

问题型微课以解答或解决问题为主。通常在开篇以学员面临的痛点及问题勾起学员兴趣，在正文中针对每个痛点或问题提供答案或解决方案，在结尾处做一个总结或测验。

技巧型微课以讲解工作的关键技巧为主。通常在开篇以学员使用这个技巧时遇到的问题来勾起学员兴趣，在正文中重点阐述工作技巧操作的关键要点，在结尾处做一个总结或测验。

工具型微课以介绍工具的使用方法为主。通常在开篇以学员使用工具时遇到的问题来勾起学员兴趣，在正文中重点阐述工具的特点、使用效果和使用方法，在结尾处做一个总结或测验。

如果想更加具体地了解这 6 种类型的微课，如观看具体的微课样例，请添加肖兴老师的微信（微信号 xiaoxingxiaolaoshi）获取微课链接。

开发一节高质量的微课需要解决四个问题，分别是主题选定、内容萃取、呈现设计和工具落地，通过第 2～第 4 章的学习与实践，我们已经解决了前三个问题，接下来需要做的是选定具体的微课形式并使用相应的工具和技巧将微课制作出来。

微课在形式上表现为静态的 PDF、长图文和动态的音频、视频等。其中视频又可以分为由 PPT 制作的视频、MG 动画视频、录屏视频和真人拍摄视频。基于企业需求和不同形式微课的优缺点，以及制作的难易程度，本书选择了使用 PPT 制作视频微课和使用万彩动画大师制作 MG 动画微课这两部分内容，分别在第 5 章和第 6 章进行详细阐述。

CHAPTER 5

第 5 章
使用 PPT 制作视频微课

在众多的微课形式中，使用最广泛、传播最便捷的是用 PPT 制作的视频微课，因为它制作简单、修改成本较低，因此是企业最常用的微课形式。

使用 PPT（以 Office 2016 为例）制作一节微课大致可以划分为三个步骤，分别是录制音频、美化课件、生成视频。

第 1 步　录制音频

录制音频是指把脚本中的内容录制成声音并插入 PPT 中，进而完成音频的完美设置，具体来讲有三种方式。

方式 1　手机录音

对照脚本内容进行诵读，用手机同步录制生成音频，然后把录制的音频插入 PPT 中。插入音频的步骤为：执行"插入—媒体—音频—PC 上的音频"命令，如图 5-1 所示。

为了便于后期制作，建议用手机录制音频时把每页脚本内容单独录制成一个音频，而非把整个脚本录制成一个音频。

图 5-1　插入录音的步骤

方式 2　电脑录音

对照脚本内容进行诵读，用 PPT 同步录制生成音频。录音的步骤为：执行"插入—媒体—音频—录制音频"命令，在"录制声音"对话框中单击红点录制声音，录制完成后单击"确定"按钮，生成音频，如图 5-2 所示。

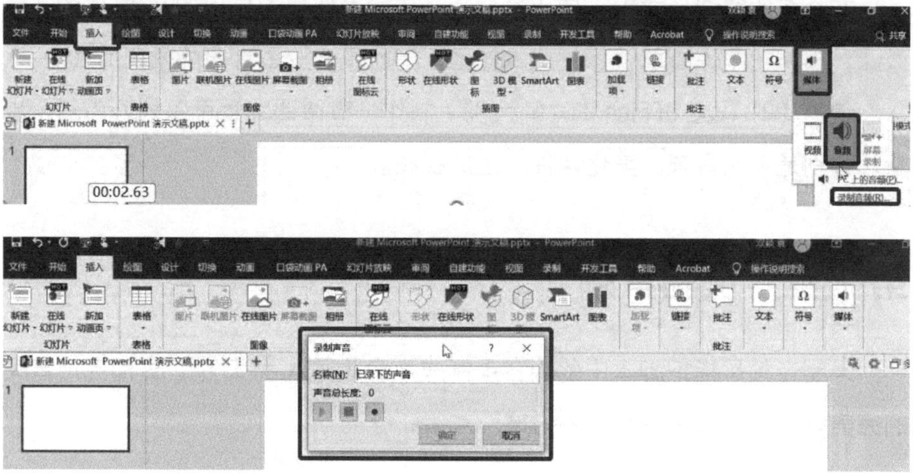

图 5-2　电脑录音的步骤

注意，录制音频时要确保周围的环境安静，没有噪声，否则会导致录音效果不好，进而导致重录。

方式 3　文字转声音

把脚本中的内容粘贴到文字转语音软件中，一键生成音频，然后将音频插入 PPT 中。

文字转语音常用软件有两类，一类是手机端软件，推荐手机"讯飞语记" App 和微信小程序"配音助手"；一类是 PC 端软件，推荐 Balabolka、录音啦、文字转语音播音系统、文字转语音全能王、迅捷文字转语音。

工具 1：手机 App"讯飞语记"（V4.4.1261）

操作步骤：打开"讯飞语记" App，单击"+"号，单击"新建笔记"按钮，填写内容。单击"完成"按钮，单击"发布"图标，选择"生成音频"选项，选择主播（郭嘉），试听调整（音量、语速等）。单击"保存到本地"按钮，命名后保存，如图 5-3 所示。

图 5-3 手机 App"讯飞语记"操作步骤

工具 2：微信小程序"配音助手"

操作步骤：在微信小程序中搜索并打开"配音助手"小程序，填写内容，选择声源，调整语速，单击"合成语音"按钮，单击"复制下载链接"按钮，在电脑浏览器中打开复制的链接，右击选择"将音频另存为"选项，将音频保存在指定文件夹中，如图 5-4 所示。

工具 3：PC 软件 Balabolka（V2.15.0.752）

操作步骤：打开 Balabolka 软件，填写内容，选择"SAPI5"选项卡，选择声音（只有两种声音），单击"试听"按钮（如不符合要求，可以调

整语速、语调和音量），单击"保存音频文"按钮，命名并保存，如图 5-5
所示。

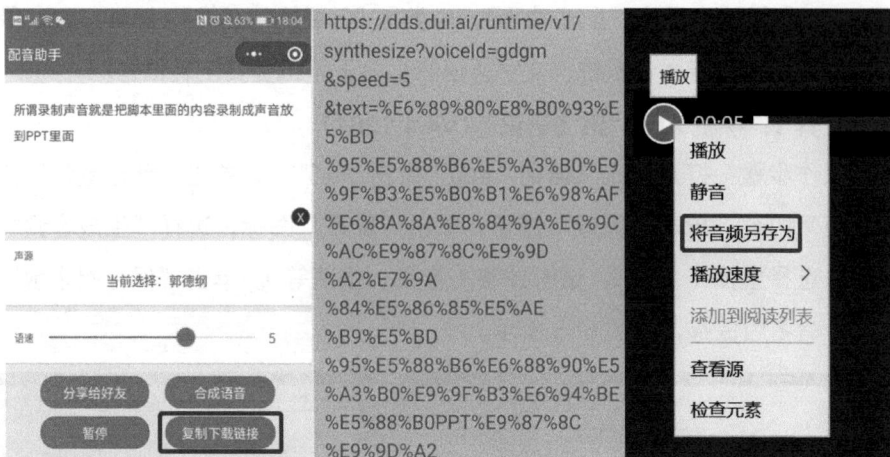

图 5-4　微信小程序"配音助手"操作步骤

图 5-5　PC 软件 Balabolka 操作步骤

注意，Balabolka 软件的优点是免费，缺点是声源很少，如果想选择多种
声源，可以使用下面介绍的软件。

工具 4：PC 软件"录音啦"（V7.1）

操作步骤：打开"录音啦"软件，选择文字转语音，选择录制人数，填
写内容，选择声音（有多种声音），单击"开始转换文字"按钮，然后单击
"合成声音存储"按钮，命名并保存，如图 5-6 所示。

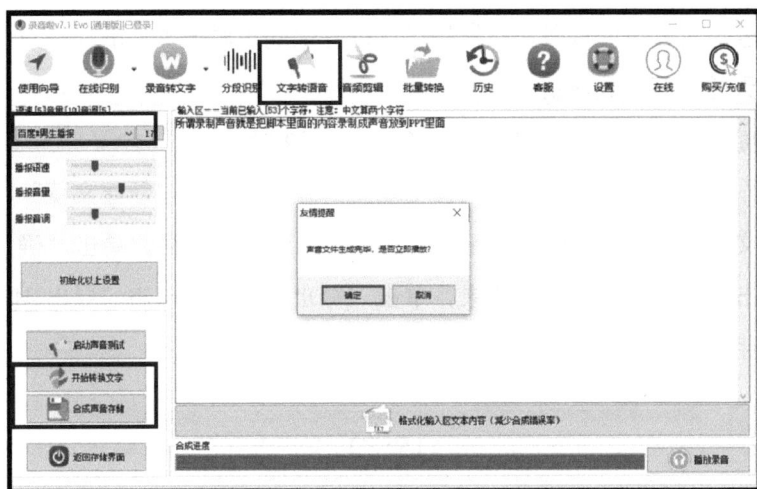

图 5-6　PC 软件"录音啦"操作步骤

注意，"录音啦"软件的优点是提供的声源很多，缺点是只能免费使用 1 小时，1 小时之后要付费才能操作。

工具 5：PC 软件"文字转语音播音系统"（9.9）

操作步骤：打开"文字转语音播音系统"软件，选择"即时播音"选项卡，填写内容，选择发音角色，单击"播放文稿"图标，单击"把文件转换成 MP3 文件"按钮，命名并保存，如图 5-7 所示。

图 5-7　PC 软件"文字转语音播音系统"操作步骤

注意，文字转语音播音系统的优点是提供的声源很多，缺点是只能免费使用 1 天并且有字数限制。

工具 6：PC 软件"文字转语音全能王"（9.7）

操作步骤：打开"文字转语音全能王"软件，单击"新建文稿"按钮，修改"文稿标题"，设置"播音员""情感""风格"内容，单击"确定"按钮，单击"开始"按钮试听效果，单击"停止"按钮，单击"导出 MP3"按钮，保存在指定文件夹中，如图 5-8 所示。

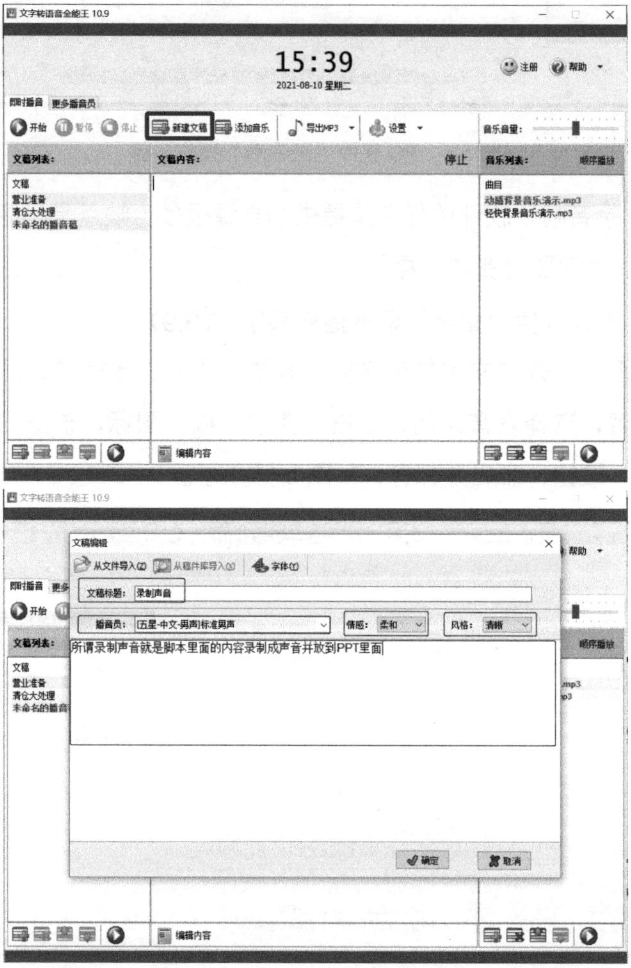

图 5-8 PC 软件"文字转语音全能王"操作步骤

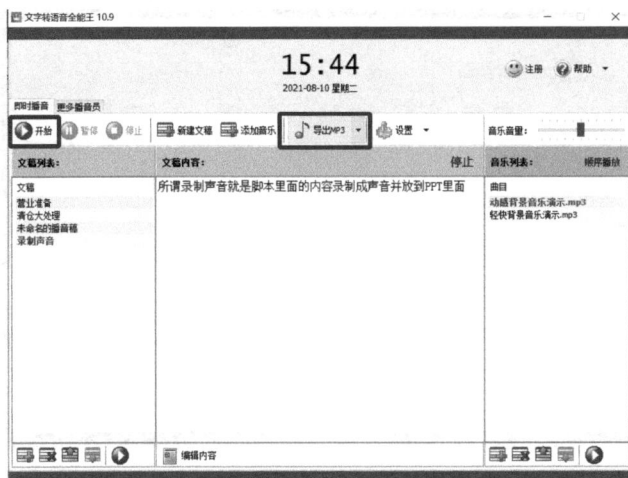

图 5-8　PC 软件"文字转语音全能王"操作步骤（续）

注意，文字转语音全能王的优点是声源很多，缺点是免费时间有限制。

工具 7：PC 软件"迅捷文字转语音"（3.4.0.0）

操作步骤：打开"迅捷文字转语音"软件，选择"文字转语音"选项，填写内容，选择语音类型，单击"开始转换"按钮，单击"转换列表"选项，找到音频所在文件夹，如图 5-9 所示。

图 5-9　PC 软件"迅捷文字转语音"操作步骤

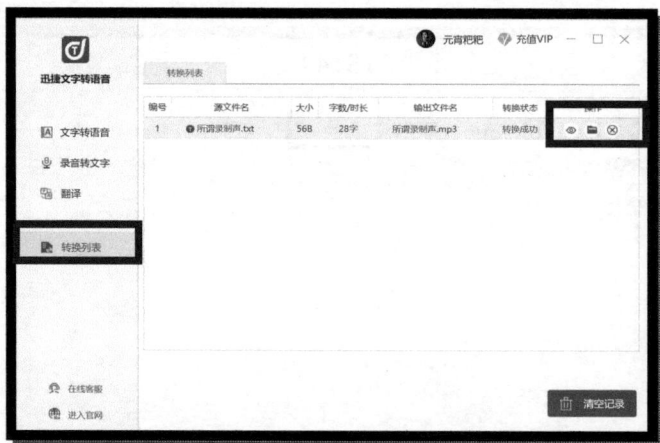

图 5-9　PC 软件"迅捷文字转语音"操作步骤（续）

注意，迅捷文字转语音软件的缺点是只有 4 种声源。

第 2 步　美化课件

完成脚本编辑和音频录制之后，接下来需要对 PPT 进行美化，通常从三个方面着手，分别是封面设计、页面排版、图片处理。

封面设计

按照封面是否有图片可以将封面分为三种，分别是全图封面、半图封面和无图封面。

全图封面

全图封面是指用一整张图片作为封面的背景，可以在图片上面添加一个形状来调整它的颜色和透明度，然后在上面添加微课标题。以"带你认识感知质量"为例，如图 5-10 所示。

半图封面

半图封面是指在封面的某一部分添加一张图片，在剩余部分添加微课标题和其他内容。以"焊武帝成长记"为例，如图 5-11 所示。

图 5-10　全图封面"带你认识感知质量"

图 5-11　半图封面"焊武帝成长记"

无图封面

　　无图封面是指整个封面没有图片，在封面上直接添加微课标题。以"密封系统系列介绍之车门密封系统"为例，如图 5-12 所示。

图 5-12　无图封面 "密封系统系列介绍之车门密封系统"

在设计封面的时候，除了考虑封面本身的美化之外，还要考虑整个 PPT 的屏幕比例，Office 自带的屏幕比例有两种，分别是宽屏（16：9）和普屏（4：3），因为使用普屏生成的微课通常有黑边，影响微课的美观度，而使用宽屏生成的微课符合电脑屏幕要求且符合当下审美，因此，PPT 普遍采用的是宽屏设计，而不是普屏设计。

具体操作步骤为：执行 "设计—自定义—幻灯片大小—宽屏" 命令。

页面排版

封面包含的内容较少，设计也比较容易，而剩余 PPT 包含的内容较多，要想设计得足够美观，就要对每页 PPT 的排版进行精心设计，具体来讲有以下几个技巧。

技巧 1：结构化表达

结构化表达是指梳理每页内容的逻辑结构，然后用结构图表现出来，具体来讲可以分为 3 个步骤：分析内容之间的逻辑关系、提炼关键词并用 SmartArt 转换成对应的结构图、对结构图进行修饰。

　　步骤 1：分析内容之间的逻辑关系。微课的内容之间通常存在两种逻辑关系，分别是递进关系、并列关系（第 3 章已经详细讲述）。

　　步骤 2：提炼关键词并用 SmartArt 转换成对应的结构图。明确了内容的逻辑关系之后，不应马上对大段文字进行表述，而应该提炼出某段文字的关键词并用 SmartArt 将其转换成对应的结构图。需要说明的是，Office 非常"聪明"，已经在 SmartArt 中提炼总结了人们常用的结构图，因此我们只需要套用调整即可，无须再花费时间重新创造结构图。

　　请试着提炼以下这部分内容的关键词并用 SmartArt 将其转换成对应的结构图。

　　大脑通过五种感官接受外部信息的比例为：味觉 1%、触觉 1.5%、嗅觉 3.5%、听觉 11%、视觉 83%。在接收外界信息的过程中，视觉占据主要地位。因此，描述培训内容的时候如果全都是文字，学员的大脑负担会比较重。如果信息是结构性的、有逻辑的，更容易被人理解，也更容易被人记忆。

　　提炼后的结构图如图 5-13 所示。

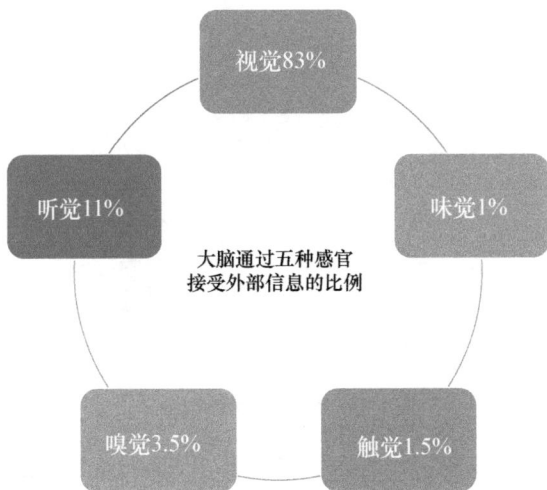

图 5-13　SmartArt 结构图 1

请试着提炼以下这部分内容的关键词并用 SmartArt 将其转换成对应的结

构图。

工作结束后我们要向领导汇报，在汇报工作时要遵循如下原则。

- 向领导汇报时一定要如实汇报，不隐瞒任务是否完成。对于完成的效果，一定要如实汇报，切不可夸大成绩和回避问题。
- 尽量用图表的形式汇报，运用大量的数据进行说明，做到一目了然，切不可用大段的文字描述，尽可能做到汇报时多图少文字。
- 领导不会长时间听你汇报，所以汇报的内容要尽量简短，突出重点，先说结果，再说过程和原因，不要眉毛胡子一把抓，要用最简单的方法给出最有价值的信息。
- 既不埋没下级的功劳，又要真诚地感谢领导的支持和帮助。一项任务的完成是集体努力的结果，所以对下属的突出贡献要如实汇报，并真诚地感谢领导提供的支持和帮助，让领导看到你是一个可以信赖、没有私心的管理者。

提炼后的结构图如 5-14 所示。

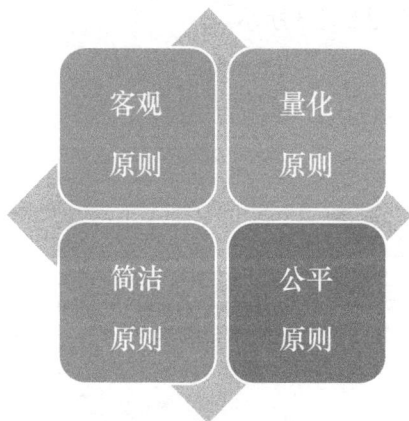

图 5-14　SmartArt 结构图 2

请试着提炼以下这部分内容的关键词并用 SmartArt 将其转换成对应的结构图。

根据人们性格的内向、外向及个体支配力的强弱，可以把人分为 4 种类型。

- 老虎/控制型。特点是做事直截了当、以结果为导向、好胜、重利益、没有耐心、对时间敏感等。
- 孔雀/表现型。特点是精力充沛、点子多、能说会道、热衷交际、喜欢新奇等。
- 考拉/和平型。特点是为人敏感、和善、乐于助人、在意别人、关心他人、善于倾听、宽容、热心、含蓄、耐心、合作、谨慎、恪尽职守、很有团队协作意识。
- 猫头鹰/分析型。特点是做事注重细节、爱思考、爱阅读和写东西、爱做文字记录、要求准确等。

提炼后的结构图如 5-15 所示。

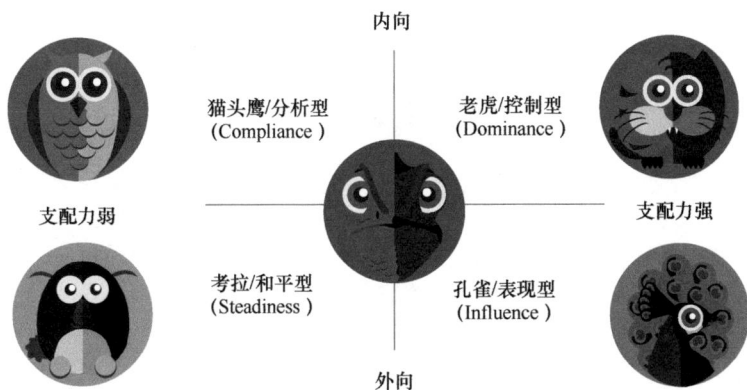

图 5-15　SmartArt 结构图 3

步骤 3：对结构图进行修饰。完成第 2 步之后，如果对结构图的"颜值"不满意，可以在 SmartArt 中更改版式或调整颜色。具体操作步骤为：双击结构图，执行"设计—版式"命令，选择新版式，或者双击结构图，执行"设计—SmartArt 样式—更改颜色"命令，选择新颜色，如图 5-16 所示。

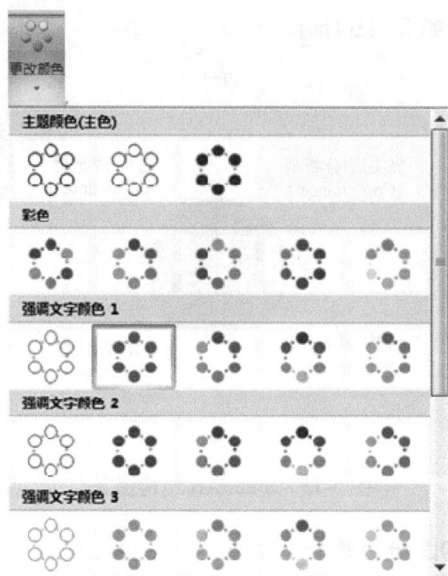

图 5-16　对结构图进行修饰

技巧 2：对齐

对齐是指以某个位置为基准，将选中的元素进行排布，包括左对齐（所有行以左边起点为固定位置）、右对齐（所有行以右边终点为固定位置）、居中对齐（行文字中心点与页面正文中心点重合，行文字均匀分布在中心点两边），如图 5-17 所示。

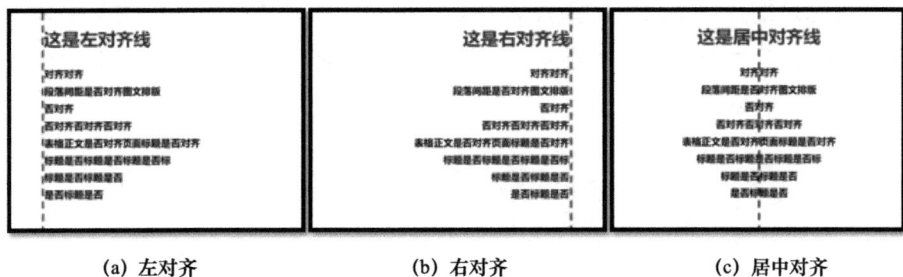

(a) 左对齐　　　　　　(b) 右对齐　　　　　　(c) 居中对齐

图 5-17　三种对齐方式

对齐的操作步骤为：选中需要对齐的元素，执行"格式—排列—对齐"命令，选择一种对齐方式，如图 5-18 所示。

图 5-18　对齐的操作步骤

技巧 3：聚拢

聚拢是指把相关内容汇聚，把无关内容分离，使段落之间有明显的层次感，让图片和文字整体看上去很协调，如图 5-19 所示。

图 5-19　聚拢技巧

技巧 4：对比

对比是指强调要表达的重点内容。实现对比的具体操作有：改变字体、加粗字体、加下画线、将字体变斜、改变字号、改变字体颜色、改变字体背景颜色等，如图 5-20 所示。

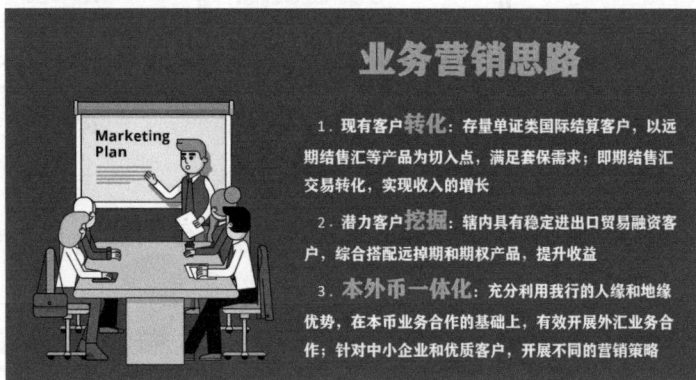

图 5-20　对比技巧

技巧 5：在 PPT 中插入文字

操作步骤为：执行"插入—文本框（或形状）"命令，然后输入文字，如图 5-21 所示。

图 5-21　在 PPT 中插入文字

技巧 6：快速替换文字内容

操作步骤为：执行"开始—编辑—替换"命令，如图 5-22 所示。

图 5-22　快速替换文字内容

技巧 7：把文本框设置为默认文本框（避免重复修改字体）

操作步骤为：执行"插入—文本框"命令，修改字体后单击鼠标右键，选择"设置为默认文本框"选项。

技巧 8：处理 PPT 中的特殊字体

方式 1：把字体粘贴为图片。

方式 2：把文字打包安装到需要放映的电脑上。

方式 3：执行"文件—选项—保存"命令，勾选"将字体嵌入文件"复选框，如图 5-23 所示。

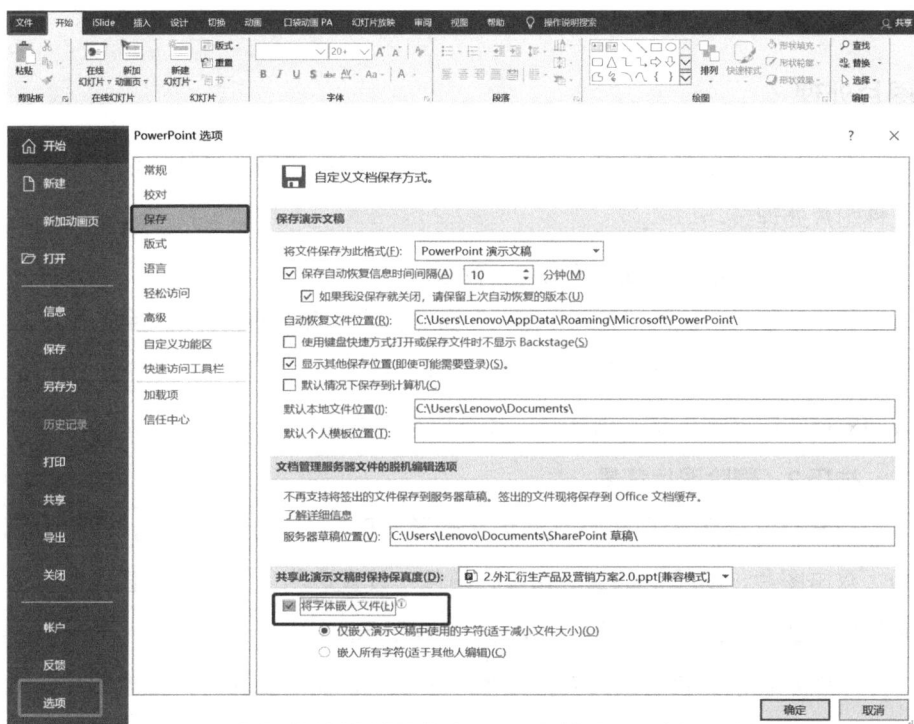

图 5-23　处理 PPT 中的特殊字体

技巧 9：调整文字的行间距

操作步骤为：选中文字，单击鼠标右键，选择"段落"选项，调整行间距，如图 5-24 所示。

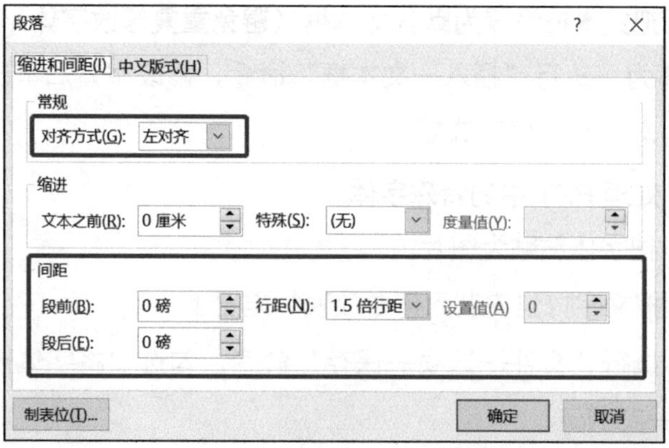

图 5-24　调整文字的行间距

图片处理

图片处理主要包含插入、裁剪、设置效果和保存等。具体来讲，有如下几种图片处理技巧。

技巧 1：快速插入图片（视频、音频）

操作步骤为：执行"插入—图片"命令，或者直接将图片拖动到 PPT 中。

图片的来源有很多，既可以在昵图网、摄图网、花瓣网、iSlide 等网站或 PPT 插件中搜索下载高清图片，也可以直接截图。

技巧 2：删除图片背景

当素材和底色差别较大且底色比较单一时，可使用该技巧。操作步骤为：双击图片，执行"格式—调整—颜色—设置透明色"命令，直接单击图片的底色部分，即可抠出素材，如图 5-25 所示。

当图片背景比较复杂或要抠出多个素材时，操作步骤为：双击图片，执行"格式—调整—删除背景"命令，使用标记工具来标记要保留或要删除的区域。调整好之后单击"保留更改"图标，抠出素材，如图 5-26 所示。

技巧 3：调整图片效果

可以使用该技巧给图片增加倒影、阴影等效果。操作步骤为：双击图片，执行"格式—图片样式"命令，选择一种效果，调整效果如图 5-27 所示。

图 5-25　删除图片背景

图 5-26　删除复杂图片背景

图 5-27　四种图片效果

技巧 4：裁剪图片

可以使用该技巧把图片裁剪成圆形或其他形状。操作步骤为：双击图片，执行"格式—裁剪—裁剪为形状"命令，选择一种形状，裁剪效果如图 5-28 所示。

图 5-28　裁剪效果

技巧 5：批量保存 PPT 中的素材（图片、音频、视频）

操作步骤为：显示文件的后缀名（PPT/PPTX），修改后缀名（RAR），然后解压。在解压文件夹中找到图片。

第 3 步　生成视频

生成视频是指通过对音频、页内动画、页面切换的设置，使整个 PPT 自动播放，最终导出视频。

设置音频

将音频插入 PPT 之后，需要对每个音频进行调整，主要包含以下五个方面。

裁剪音频

由于部分音频在录制时存在噪声或其他情况，因此需要对音频进行裁剪。操作步骤为：单击音频图标，播放音频，执行"编辑—裁剪音频"命令，对音频进行裁剪，如图 5-29 所示。

图 5-29　裁剪音频

调整音量

调整音量的方式有两种。

方式 1 操作步骤为：单击音频图标，播放音频，执行"音频选项—音量"命令，选择低、中、高、静音，如图 5-30 所示。

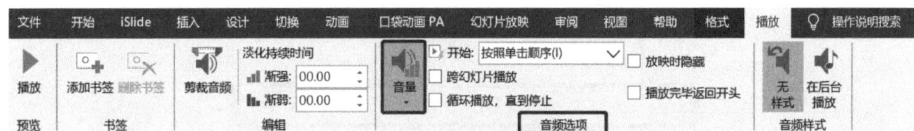

图 5-30　调整音量方式 1

方式 2 操作步骤为：单击音频图标，将光标置于右侧 ◁ 图标上方，上下拖拽音量控制条调整音量，如图 5-31 所示。

图 5-31　调整音量方式 2

自动播放

微课中的音频需要设置为自动播放。操作步骤为：单击音频图标，播放音频，执行"音频选项—开始—自动"命令，如图 5-32 所示。

图 5-32　自动播放设置

动画排序

作为微课的重要元素，为了保证音频和其他内容（字幕、图片、关键字）保持同步，往往将声音排在第一位。操作步骤为：执行"动画—动画窗格"命令，选中音频动画并将其置顶，如图 5-33 所示。

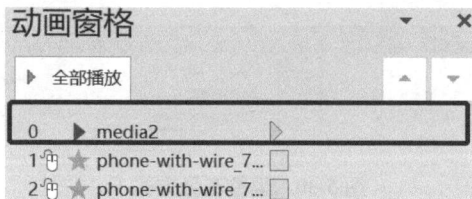

图 5-33　动画排序

背景音乐

除了录制的音频，微课还可以添加背景音乐并贯穿微课始终。操作步骤为：执行"播放—音频选项"命令，勾选"跨幻灯片播放""播放完毕返回开头""循环播放，直到停止"复选框，如图 5-34 所示。

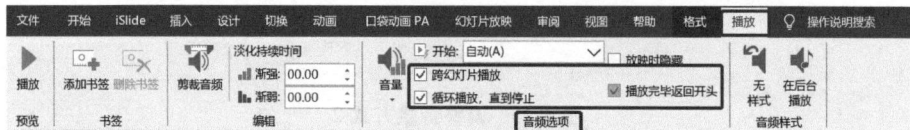

图 5-34　添加背景音乐

除此之外，为了让微课画面保持美观，需要将音频的图标隐藏起来，常用的方式有两种，一种是将音频拖拽至页面之外的空白区域，另一种是执行"播放—音频选项"命令，勾选"放映时隐藏"复选框。

页内动画

页内动画是指根据音频的节奏和设计的画面为页内元素设计动画效果，排定各个元素的动画顺序并设置动画节奏，主要包含以下两个方面。

动画效果

对于 PPT 中的任何一个元素都可以设置 4 种动画效果，分别是进入效果、强调效果、路径效果、退出效果。添加动画效果的方式主要有两种。

方式 1 操作步骤为：选中元素，执行"动画—动画"命令，选择一种动画效果，在"效果选项"下拉列表中选择上浮或下浮，如图 5-35 所示。

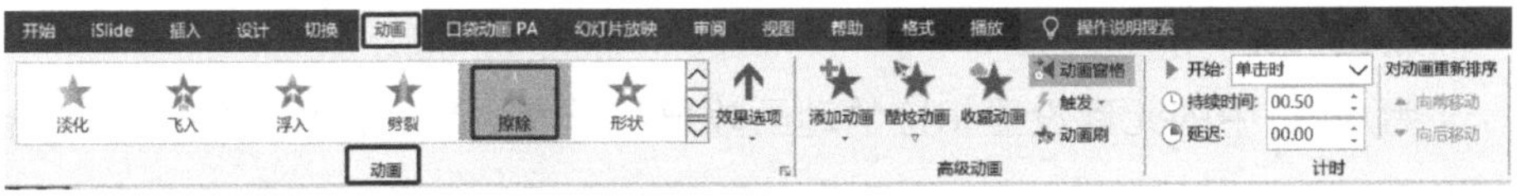

图 5-35　设置动画效果方式 1

方式 2 操作步骤为：选中元素，执行"动画—高级动画—添加动画"命令，选择一种动画效果，在"效果选项"下拉列表中选择上浮或下浮，如图 5-36 所示。

PPT 软件中自带的动画属于常规动画效果，除此之外还要对不同元素设置高级动画，此时就需要使用"效果""计时"功能对动画效果进行设置。

以"打字机"动画效果为例。在现有动画效果中没有打字机效果，而添加的字幕又需要和音频节奏保持一致，因此可以通过高级动画进行设置。操作步骤为：执行"动画—动画窗格"命令，然后在"动画"菜单栏选择效果"出现"，在"动画窗格"中选中动画。单击鼠标右键，选择"效果选项"选项，打开"出现"对话框，设置文本动画，在下拉列表中选择"按字母顺序"选项，并设置"字母之间延迟秒数"为 0.2（最匹配语速的数值），单击

"确定"按钮，如图 5-37 所示。

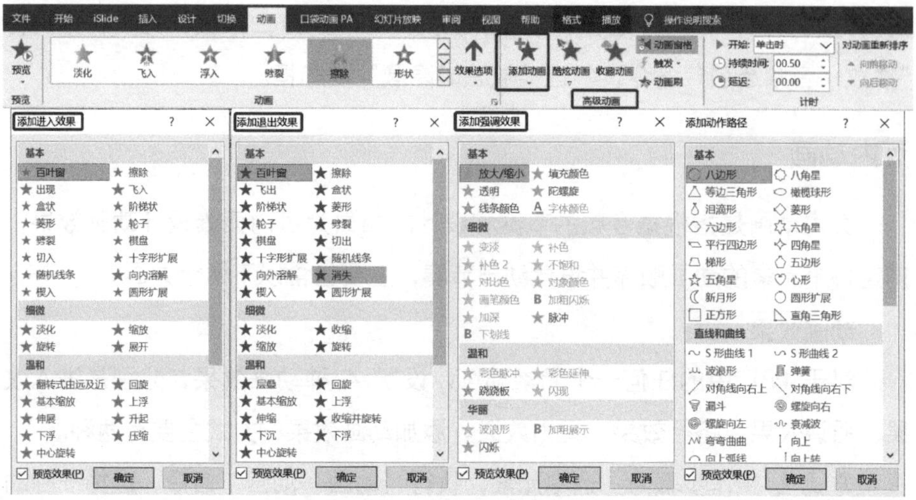

图 5-36　设置动画效果方式 2

动画节奏

为 PPT 中的元素设置相应的动画效果和排序之后，要保证每个元素出现的节点都与音频保持一致，因此，需要以音频为基准，调整各个元素出现的时间节点。

操作步骤为：在"动画窗格"中选中动画，单击鼠标右键，选择"计时"选项，在"开始"下拉列表中选择"与上一动画同时"选项，设置延迟秒数，单击"确定"按钮，如图 5-38 所示。

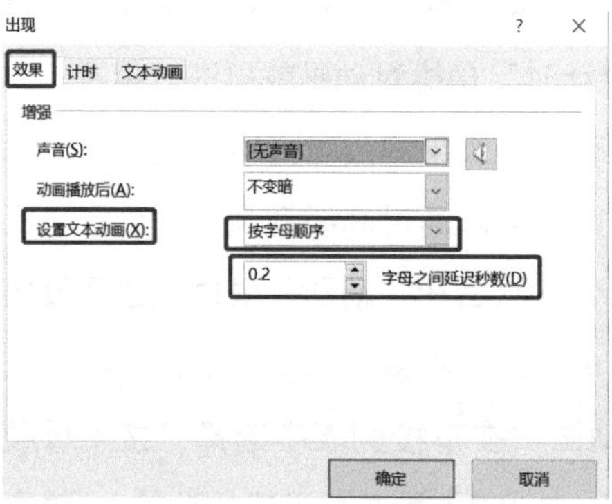

图 5-37　动画效果设置 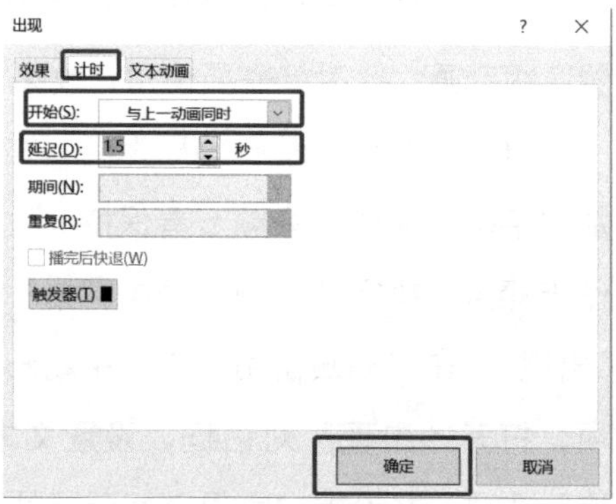　　　　　　图 5-38　设置动画节奏

注意事项：

- 在"计时"选项卡的"开始"下拉列表中，除了"与上一动画同时"选项，还有"上一动画之后"选项，两者的意思是不同的。"与上一动画同时"是指所选动画从上一个动画开始的时间节点开始；"上一动画之后"是指所选动画从上一动画结束的时间节点开始。将音频置顶之后，使用"与上一动画同时"，可使操作更加清晰和便捷。

- 系统默认音频时长不计算在动画持续时间里，因此，所有动画的延迟时间都应该以音频的起始时间为基点进行设置。

- 当页面内有大量重复的动画效果时，可以使用"动画刷"功能快速复制，减少工作量。单击"动画刷"可以复制一次动画效果，双击"动画刷"可以无限次复制动画效果，按 ESC 键取消"动画刷"功能。

页面切换

页面切换是指从上一页 PPT 自动转换到本页 PPT，并附带切换效果。

操作步骤为：执行"切换—切换到此幻灯片"命令，选择切换效果，在"效果选项"下拉列表中调整方向，修改换片动画持续时间，执行"计时—换片方式—设置自动换片时间"命令（本页动画时间的综合），如图 5-39 所示。

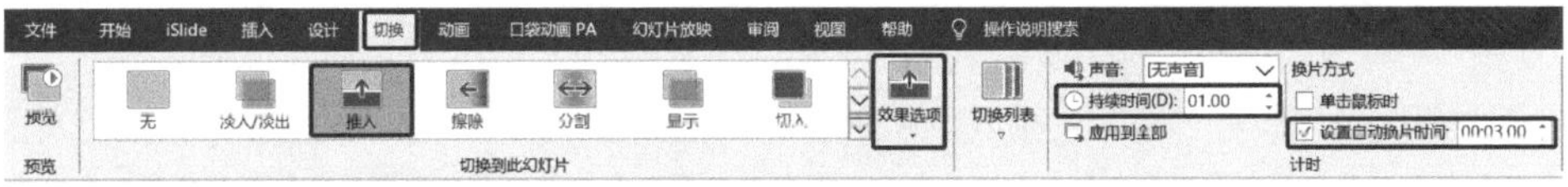

图 5-39　页面切换

导出视频

导出视频是指将已经设置好的 PPT 转换为视频格式。

操作步骤为：执行"文件—导出—创建视频"命令，选择"全高清（1080p）"选项，单击"创建视频"图标，编辑文件名并单击"保存"按钮，如图 5-40 所示。

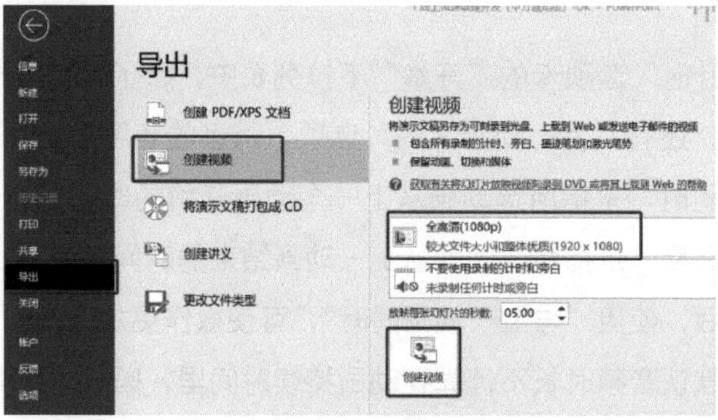

图 5-40　导出视频

CHAPTER 6

第 6 章
使用万彩动画大师制作 MG 动画微课

MG 动画是指动态图形或图形动画，它是一种融合了电影与图形设计的语言，是基于时间流动而设计的视觉表现形式，在视觉表现上使用的是基于平面设计的规则，在技术上使用的是动画制作手段。

作为当下最流行的微课形式之一，MG 动画制作工具种类繁多，有 AE、Flash、会声会影等，然而这些工具学习周期长、操作烦琐，不能满足企业快学快用的实际需求。因此，本章重点介绍如何使用简单、快速、易上手的"万彩动画大师"（以万彩动画大师 V2.6.5 为例）来制作一节 MG 动画微课，这也是当下企业员工使用最多的工具之一。

6.1 万彩动画大师的优点

万彩动画大师使用起来简单、快速、易上手，短时间内便可学会使用它来制作 MG 动画微课，轻轻松松做出专业级水平的动画视频。总体来说，它具备如下几个优点。

优点 1：海量精美动画模板。万彩动画大师拥有大量成熟的精美动画模板，涵盖多个主题，如图 6-1 所示。用户只需轻松下载并替换模板内容便可快速制作出酷炫的微课视频。

图 6-1　精美动画模板

优点 2：海量精致场景素材。万彩动画大师提供海量精致场景素材，包含古代内景、古代外景、室外道具、现代内景、现代外景、乡村外景、玄幻场景、自然环境、动态场景等，如图 6-2 所示。海量的素材可以让用户快速创建出一个个生动形象的场景，让微课视频的质量提高到一个新高度。

图 6-2　精致场景素材

优点 3：别出心裁的镜头特效。缩放、旋转、移动的镜头特效让动画视频更富有镜头感，让学员拥有更好的视觉感受，而且镜头切换非常流畅，让动画的方方面面都更加出彩，如图 6-3 所示。

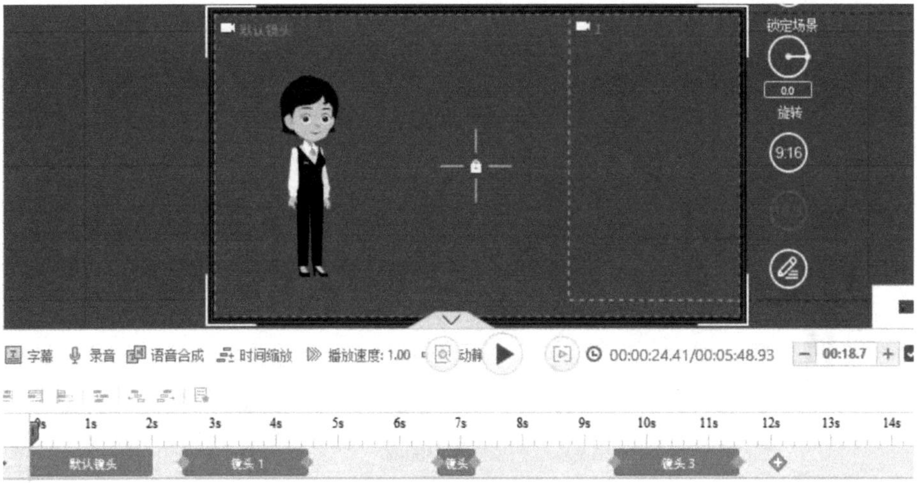

图 6-3　镜头特效

优点 4：栩栩如生的动画角色。表情多样、种类繁多的动画角色（包括老板、客户、职员、管理员、护士、医生、空姐、警察、爸爸、妈妈、小孩儿、消防员、导游等 100 多个角色），可以帮助用户清晰地表达想法，生动形象地传递信息，让微课视频简单易懂、清晰明了，如图 6-4 所示。

图 6-4　动画角色

优点 5：种类齐全的角色肢体语言。每种动画角色都拥有 100 多种丰富的肢体语言（如说话、敲门、刷牙、洗澡、唱歌、惊恐、跑步、边走边说等），普遍适用于各类具体场景，如图 6-5 所示。

图 6-5　角色肢体语言

优点 6：酷炫的动画特效。场景元素的进场、强调及退出动画特效，让场景元素随心所动，用户分分钟就能做出专业动画视频大片效果，让微课视频妙趣横生，如图 6-6 所示。

图 6-6　动画特效

优点 7：手绘动画效果。万彩动画大师将时下最流行的手绘动画特效灵活应用到动画视频中，提高微课视频、动画视频的美感与时尚感，从而让课堂与宣传更加生动有趣，如图 6-7 所示。

优点 8：文字转语音。只要输入文字，就可以生成不同的语音（男音、女音、普通话、粤语、英语、卡通人物语言、台湾话、湖南话、东北话等），还可以调节语音的音量和音速，如图 6-8 所示。

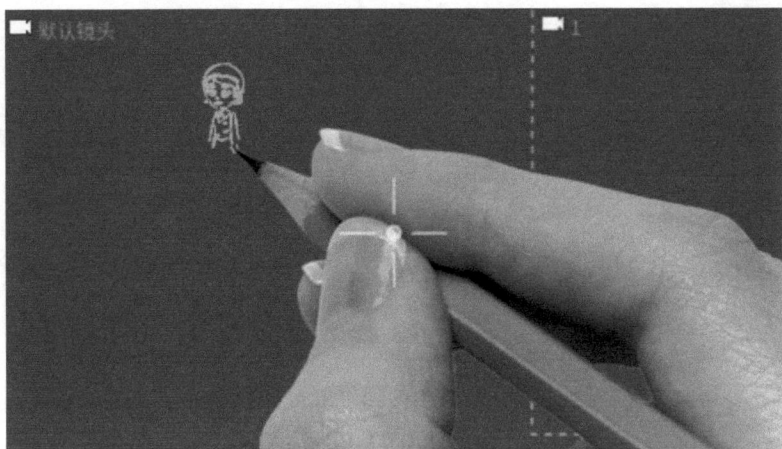

图 6-7　手绘动画效果

图 6-8　文字转语音

优点 9：字幕支持。美轮美奂的场景、生动形象的内容，再配上合适的字幕与配音，可以让用户轻松打造动画影视效果，在有效传递信息的同时也给学员带来美妙的视觉体验，如图 6-9 所示。

图 6-9　字幕支持

优点 10：音频资源（1 万个以上）。电闪雷鸣声、各类乐器声、虫鸣鸟叫声、爆炸声、键盘敲击声等各类音效应有尽有，可轻松营造出不同的场景氛围，让动画视频变得有声有色，如图 6-10 所示。

图 6-10　音频资源

优点 11：高清矢量图片素材库。可添加图片作为场景或在场景内添加高清矢量图片，轻松制作个性化动画视频。除了软件自带的精选高清矢量图，更可添加本地的矢量图片，使动画视频的每个场景都能生动呈现，如图 6-11 所示。

优点 12：精美对话框/气泡（300 个以上）。提供各类精美的对话框，如黑白对话框、彩色对话框、透明对话框、半透明对话框、线条对话框等，形态各异，适用于多种视频主题，如图 6-12 所示。

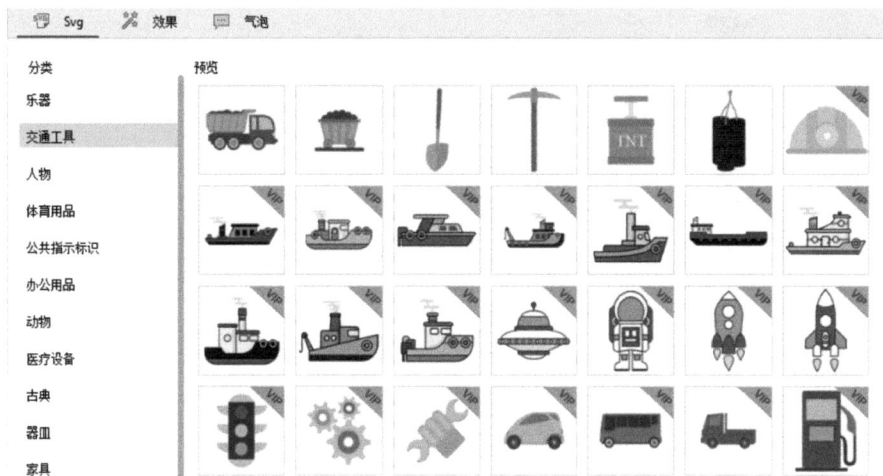

图 6-11　高清矢量图片素材库

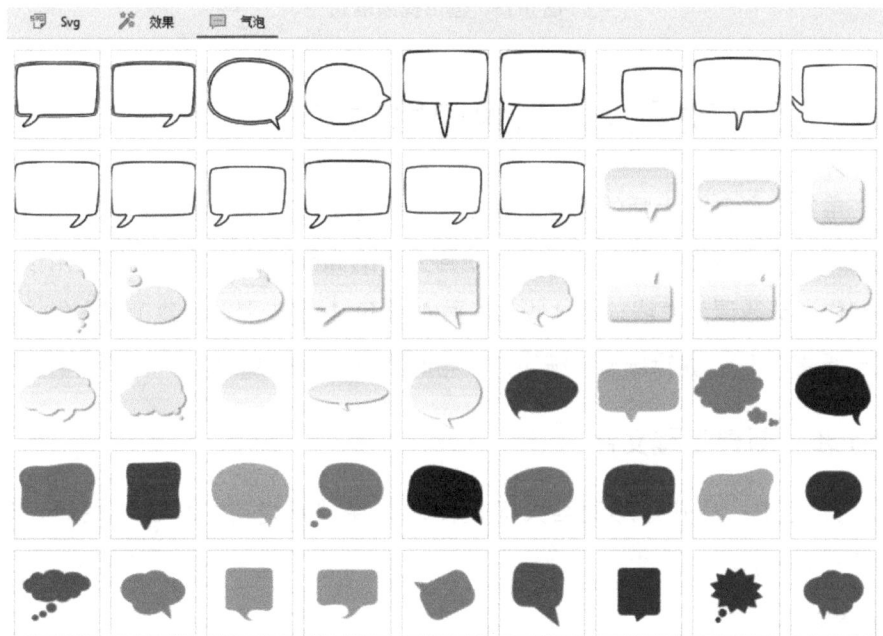

图 6-12　精美对话框/气泡

优点 13：**输出视频格式**。支持输出多种格式（如.mp4、.wmv、.avi、.flv、.mov、.mkv）的视频，并可自定义输出设置，完全可以满足微课的格式要求，如图 6-13 所示。

图 6-13　输出视频格式

6.2　万彩动画大师高频使用功能

虽然万彩动画大师的功能非常多，但并非每个功能都需要高频使用。经过长期的研究实践，我总结了万彩动画大师的高频功能，并以如何使用该工具制作一节微课为主线，将这些功能融入以下 4 个步骤：新建工程文件（类似于新建 PPT）、编辑场景、编辑画布与时间轴、生成视频。

第 1 步　新建工程文件

方法 1：打开万彩动画大师软件，选择"新建空白项目"按钮，如图 6-14 所示。

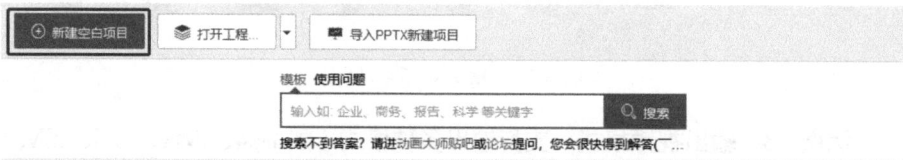

图 6-14　新建工程文件方法 1

　　方法 2：打开万彩动画大师软件，打开一个在线模板，在模板中编辑内容，如图 6-15 所示。

图 6-15　新建工程文件方法 2

第 2 步　编辑场景

功能 1：新建场景（类似于新建一页 PPT）

　　方法 1：单击"新建场景"按钮，选择"空白场景"按钮，此时的场景是空白的，需要自行添加背景、图片等素材，如图 6-16 所示。

图 6-16　新建场景方法 1

　　方法 2：单击"新建场景"按钮，选择"在线场景"或"我的场景"选项，选择一个场景分类和一个合适的场景模板。此时可以根据脚本内容从在线场景（古代内景、古代外景、室外道具、现代内景、现代外景、乡村外景、玄幻外景、自然环境、健康与医疗、节日、动态场景、片头片尾、其他）或"我的场景"中选择一个与脚本内容匹配的场景模板，如图 6-17 所示。

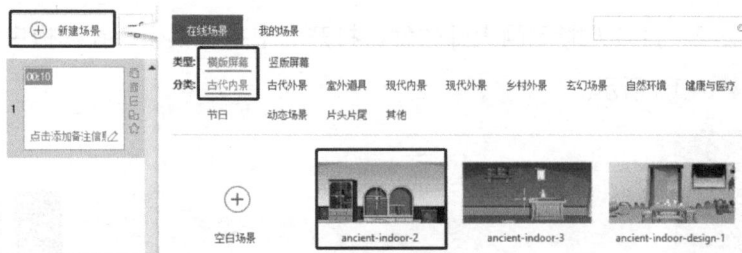

图 6-17　新建场景方法 2

功能 2：替换场景

方法 1：把当前场景替换成自定义场景。单击场景缩略图右侧的"替换场景"图标，选择"自定义场景"选项，选择一个本地保存的场景，单击"打开"按钮，如图 6-18 所示。

图 6-18　替换场景方法 1

方法 2：把当前场景替换成自带的官方场景。单击场景缩略图右侧的"替换场景"图标，选择"官方场景"选项，选择一个场景分类，再从中选择一个场景，如图 6-19 所示。

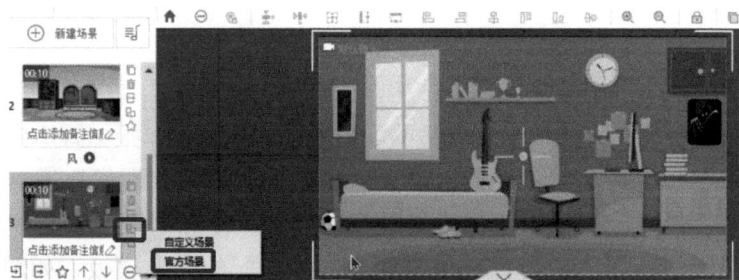

图 6-19　替换场景方法 2

功能 3：删除场景

方法 1：单击场景缩略图右上角的"删除"图标，如图 6-20 所示。

图 6-20 删除场景方法 1

方法 2：单击"更多"图标，选择"删除场景"选项，如图 6-21 所示。

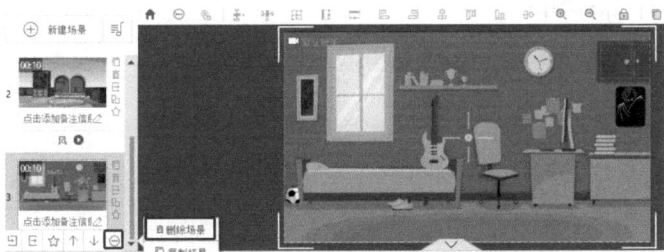

图 6-21 删除场景方法 2

功能 4：收藏场景

在场景工具栏右侧找到并单击"收藏场景"图标，系统会弹出一个收藏成功的提示框，而且提示框中会提示在哪里可以查看这个已收藏的场景，最后单击"确定"按钮，如图 6-22 所示。

图 6-22 收藏场景

单击"新建场景"按钮，选择"我的场景"选项卡，然后单击"我的场景库"选项，可以查看收藏成功的场景，如图 6-23 所示。

图 6-23　查看收藏场景

功能 5：复制场景

方法 1：单击场景缩略图右上角的"复制场景"图标，如图 6-24 所示。

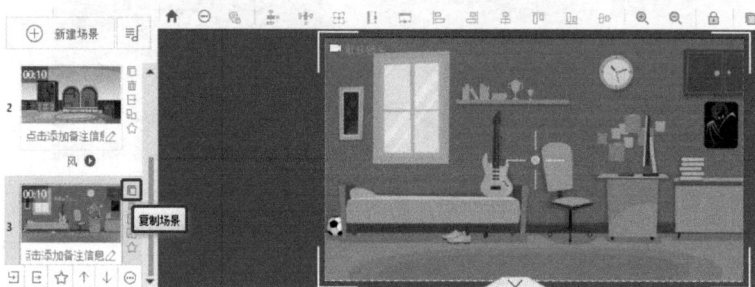

图 6-24　复制场景方法 1

方法 2：单击"更多"图标，选择"复制场景"选项，如图 6-25 所示。

图 6-25　复制场景方法 2

功能 6：导出场景

方法 1：单击场景缩略图右侧的"导出场景"图标，选择保存目录，单击"保存"按钮，如图 6-26 所示。

图 6-26　导出场景方法 1

方法 2：选中一个或多个场景缩略图，单击缩略图侧边栏底部的"导出选中的场景（可多选）"图标，选择保存目录，单击"保存"按钮，如图 6-27 所示。

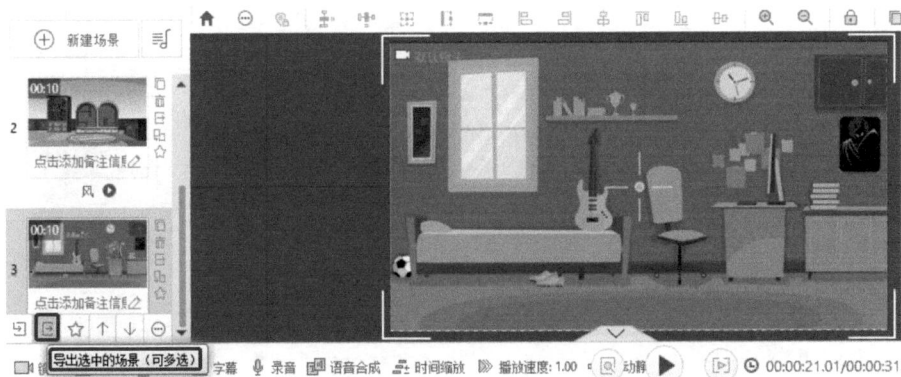

图 6-27　导出场景方法 2

功能 7：场景切换效果

方法：单击场景间的白色按钮，选择切换效果列表中的任意一个，如图 6-28 所示。

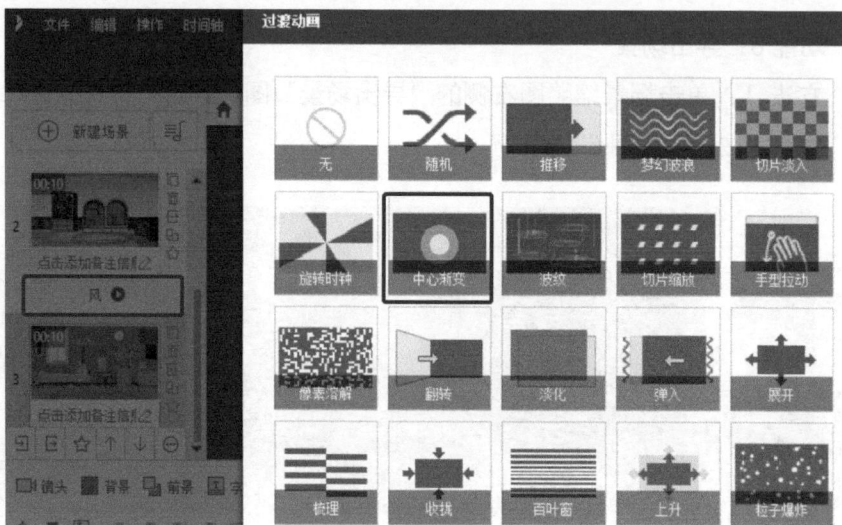

图 6-28　场景切换效果

功能 8：改变场景顺序

方法 1：用拖放的方法改变场景顺序。选中目标场景，将其拖动到合适的排序位置，如图 6-29 所示。

图 6-29　改变场景顺序方法 1

方法 2：选中目标场景，单击场景底部工具栏中的"上移""下移"图标，调整场景顺序，如图 6-30 所示。

功能 9：自定义场景的播放时间

方法：在"时间轴"选项卡的右上方单击"−"图标，则从当前场景中删除 0.5 秒；单击"+"图标，则增加 0.5 秒到当前场景。连续点击"+"或"−"图标，可连续增减秒数，如图 6-31 所示。

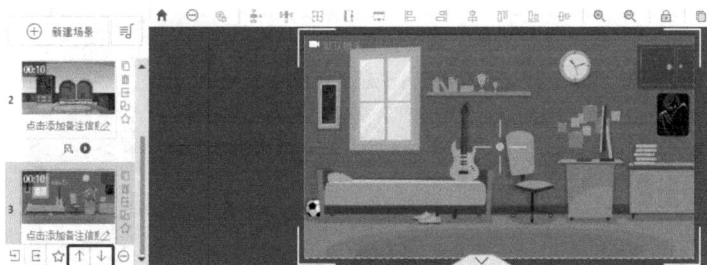

图 6-30　改变场景顺序方法 2

图 6-31　自定义场景的播放时间

功能 10：调整视频显示比例

视频显示比例为 16：9。单击"16：9"按钮，即可显示为 16：9 的视频显示比例，如图 6-32 所示。

图 6-32　视频显示比例为 16：9

自定义视频显示比例。单击"⊘"图标，自定义视频显示比例，如图 6-33 所示。

图 6-33 自定义视频显示比例

第 3 步 编辑画布与时间轴

功能 1：设置镜头

镜头是万彩动画大师的一大亮点，关于镜头的操作方法有 5 个。

添加镜头。单击"镜头"图标，单击"+"图标，添加镜头，调整镜头大小、方向及镜头切换的速度（调整滑块的长短：滑块越长，镜头切换速度越慢；反之，则镜头切换速度越快），如图 6-34 所示。

图 6-34 添加镜头

添加旋转镜头。单击"+"图标，添加镜头，设置镜头大小、旋转角度及镜头切换的速度，如图 6-35 所示。

图 6-35　添加旋转镜头

添加平移镜头。单击"+"图标，添加镜头，设置多个镜头的大小相似或相同，角度保持一致，呈现平行状态，自定义镜头切换的速度，如图 6-36 所示。注意：默认镜头不能设置变化曲线。

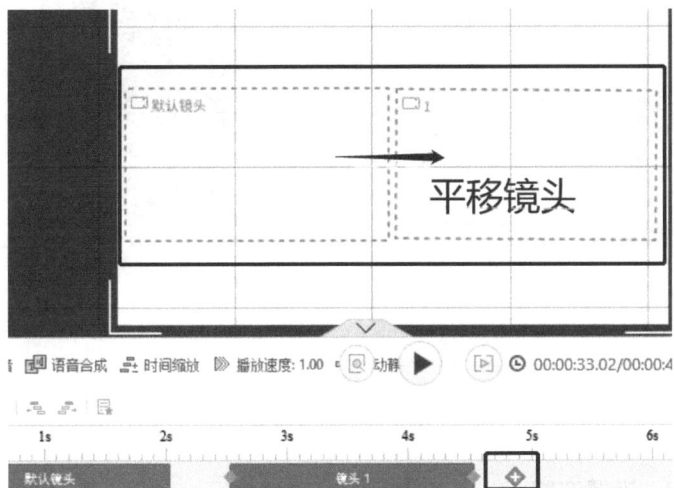

图 6-36　添加平移镜头

　　添加缩放镜头。单击"+"图标，添加镜头，调整镜头呈一大一小的缩放效果，设置镜头切换的速度，如图 6-37 所示。

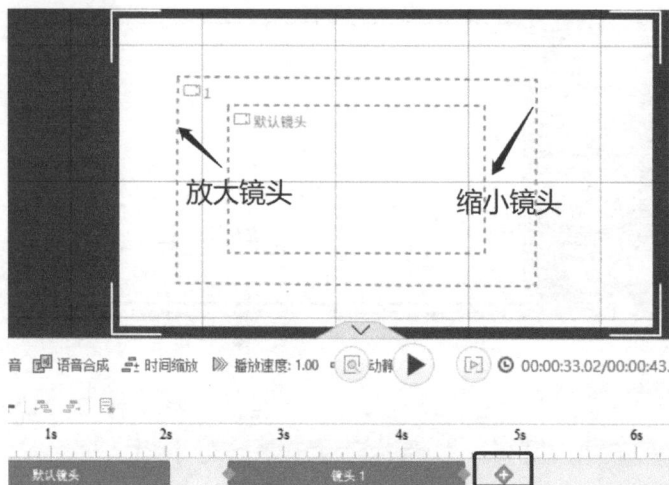

图 6-37　添加缩放镜头

　　重置镜头。找到想要定位的镜头的动画条并双击，即可定位并居中显示该镜头，如图 6-38 所示。

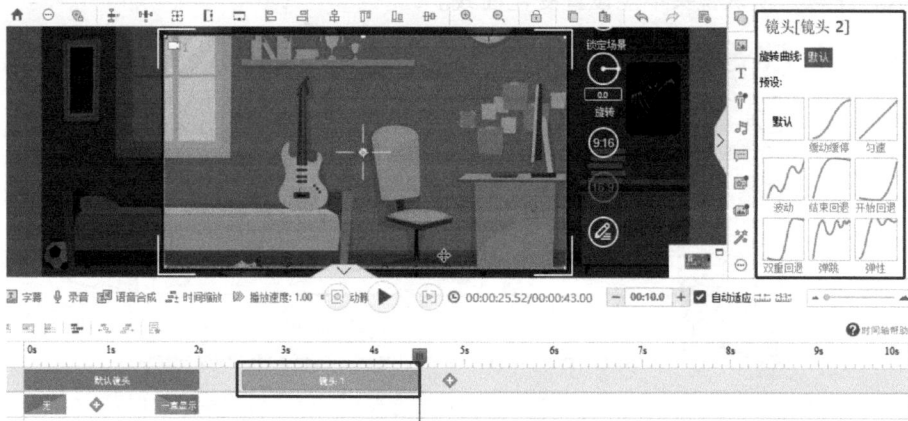

图 6-38　重置镜头

功能 2　设置音频

　　录制音频。单击"录音"图标，单击"开始录音"选项，倒计时结束后开始录音。录音完成后，按停止键暂停录音，可选择直接播放该录音、重新录音或直接将该录音应用到场景中，如图 6-39 所示。

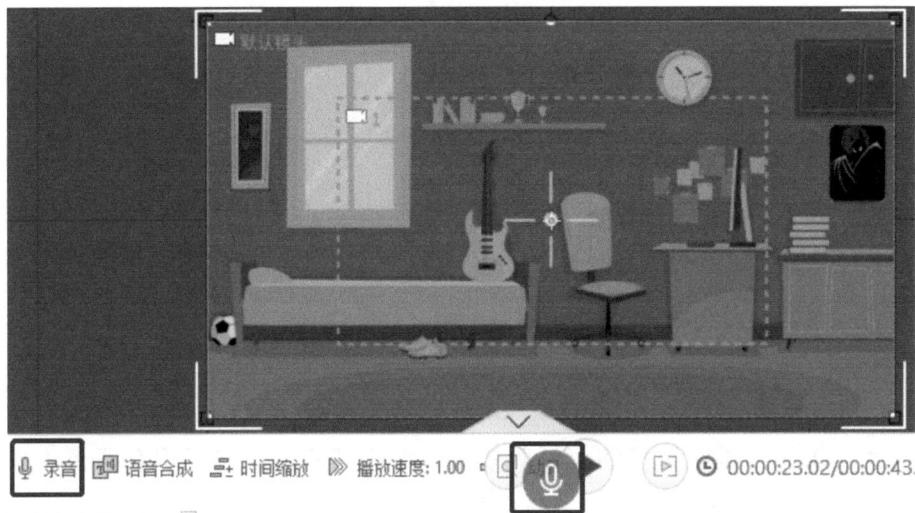

图 6-39　录制音频

调整音频。双击音频条或右键单击音频条，选择"裁剪音频"选项，或者单击"声音设置"按钮，更换声音类型，如图 6-40 所示。

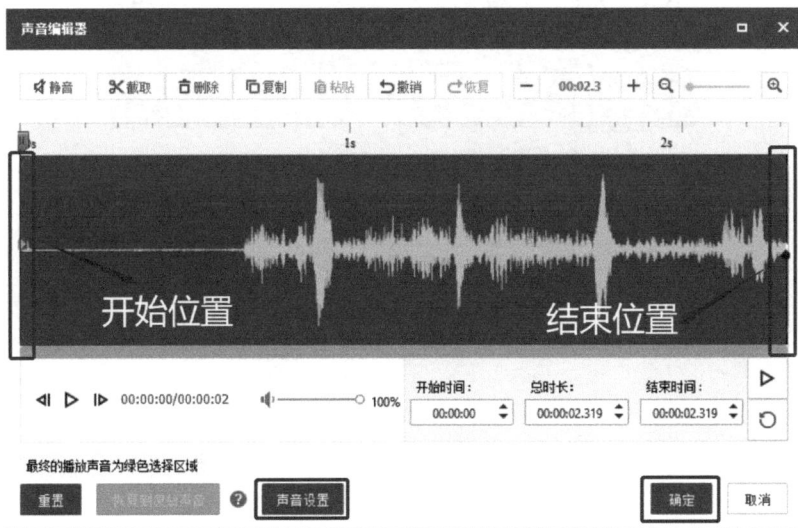

图 6-40　调整音频

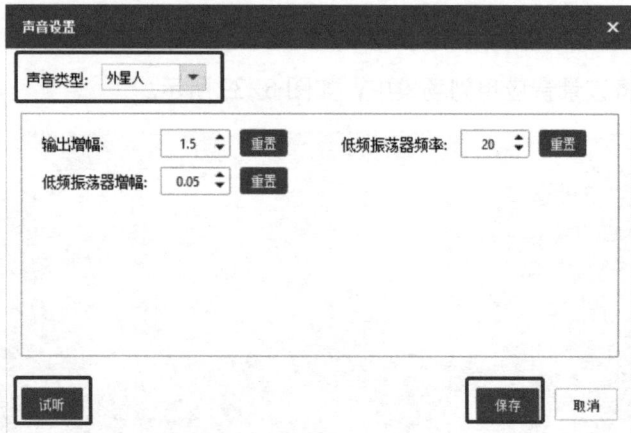

图 6-40　调整音频（续）

语音合成。单击"语音合成"图标，输入文字，选择人物，调整音量、语速，单击"试听"按钮，试听效果，单击"应用"按钮保存语音（以60%～70%的语速为佳），如图 6-41 所示。

图 6-41　语音合成

　　添加本地音乐。单击元素右侧工具栏中的"音乐"图标，单击"添加音乐"按钮，添加本地音乐，选择任意一段本地音频打开即可，如图 6-42 所示。

图 6-42　添加本地音乐

　　添加软件自带音频。单击元素右侧工具栏中的"音乐"图标，选中一段音乐，单击"+"图标，即可添加软件自带音频。此时可根据音频的内容匹配相应的音效。例如，当音频中说"每天通风 1 次"，且配有刮风的动图时，可以添加刮风的音效与之匹配，增强微课效果，如图 6-43 所示。

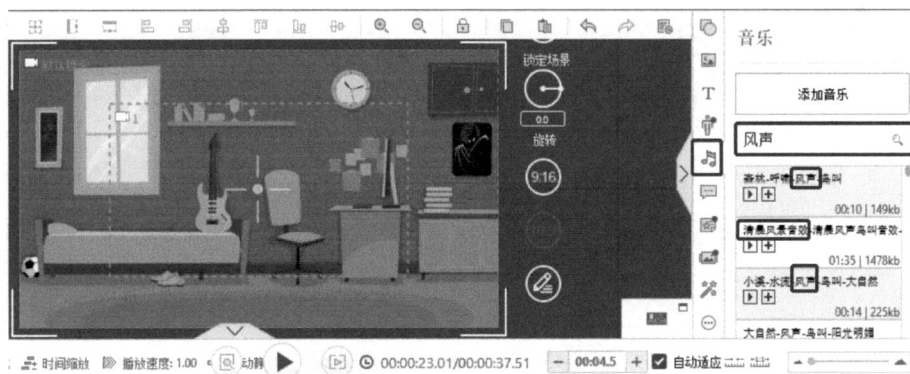

图 6-43　添加软件自带音频

　　声音的淡入和淡出效果。声音淡入效果：双击时间轴上的音频进场片段，选择"淡入"选项，单击"确定"按钮，即可为音频添加淡入效果，如

图 6-44 所示。

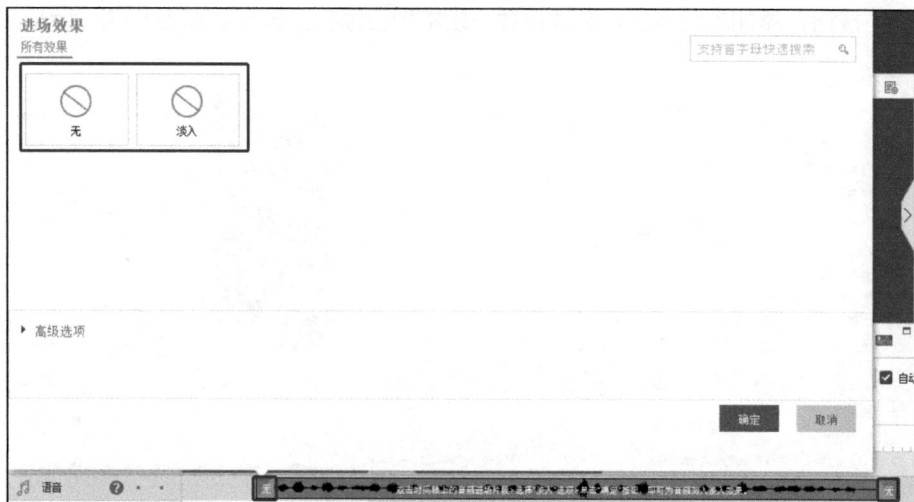

图 6-44　为音频添加淡入效果

声音淡出效果：双击时间轴上的音频退场片段，选择"淡出"选项，单击"确定"按钮，即可为音频添加淡出效果，如图 6-45 所示。

图 6-45　为音频添加淡出效果

合并多条音轨。方法 1：在时间轴上选中需要合并的音轨 A，按住 Ctrl 键，将音轨 A 拖动到音轨 B 的左边或右边位置，即可完成合并，如图 6-46 所示。

图 6-46　合并多条音轨方法 1

方法 2：按住 Shift 或 Ctrl 键，选中时间轴中的多条音轨，单击鼠标右键，选择"合并多个对象"选项，即可将多条音轨合并成一条，如图 6-47 所示。

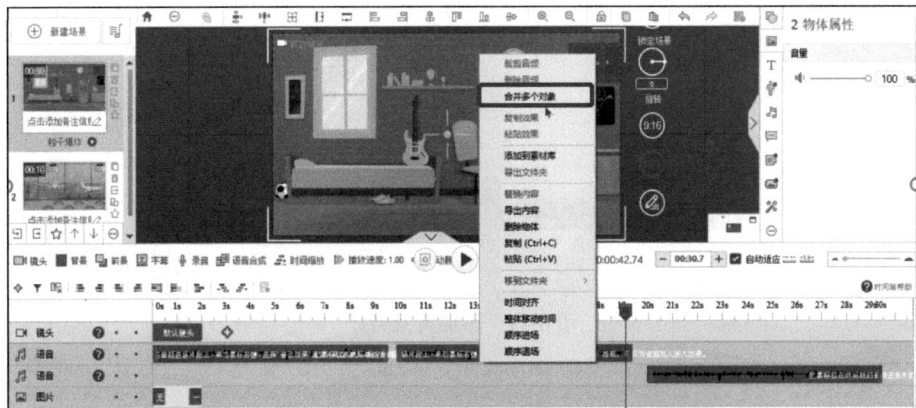

图 6-47　合并多条音轨方法 2

将同条音轨的多个音频拆分为多条音轨。选中一条音轨，选择需要拆分的音频，按住 Alt 键，向上或向下拖动，即可成功拆分音轨，如图 6-48 所示。

添加背景音乐。步骤如下。

步骤 1：单击"新建场景"按钮旁的"音乐"图标，在弹出的对话框中选择音乐文件，单击"打开"按钮，如图 6-49 所示。

步骤 2：调整背景音乐音量：拖动音量条可直接调整背景音乐的音量，如图 6-50 所示。

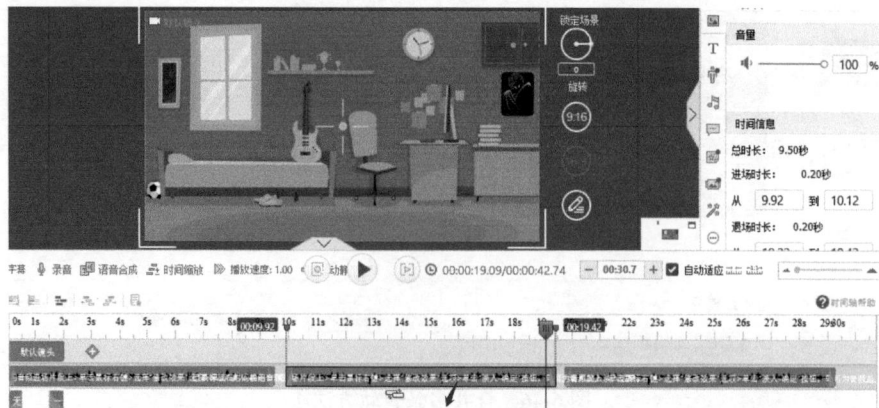

图 6-48　拆分多条音轨

图 6-49　添加背景音乐

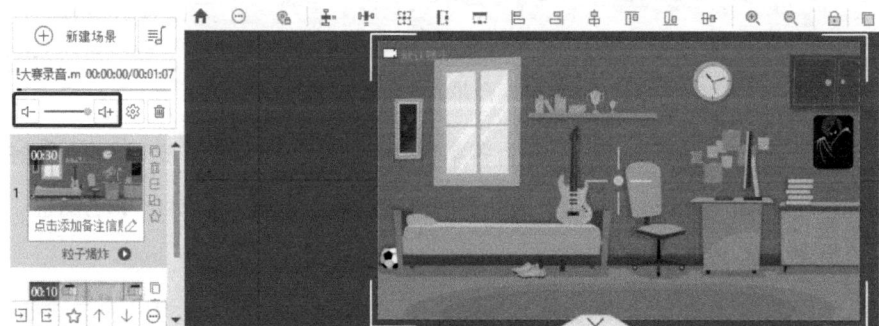

图 6-50　调整背景音乐音量

步骤 3：单击"设置"图标，在弹出的对话框中设置背景音乐的淡入、淡出效果和偏移量，单击"保存"按钮，如图 6-51 所示。

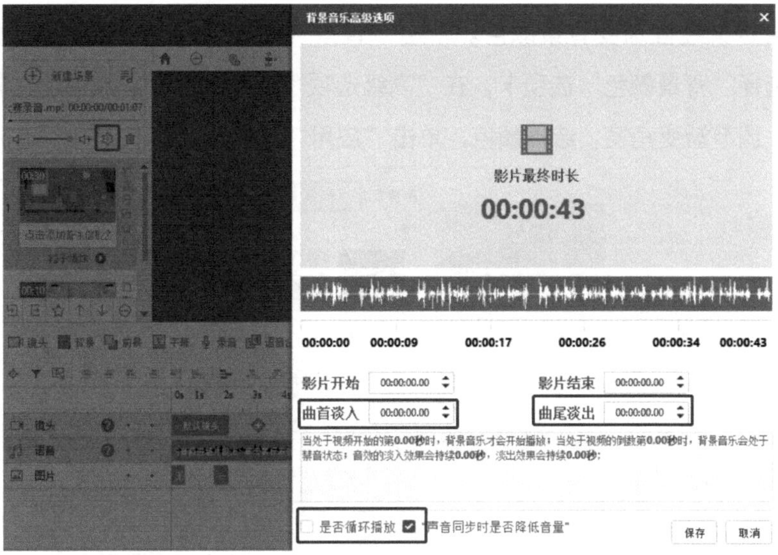

图 6-51　设置背景音乐的淡入、淡出效果和偏移量

功能 3　设置背景

自定义纯色背景。单击"背景"图标下的"+"图标，添加背景。选择
"背景颜色"选项卡，在"高级选项"下拉列表中选择"纯色"选项，单击
"应用"按钮，如图 6-52 所示。

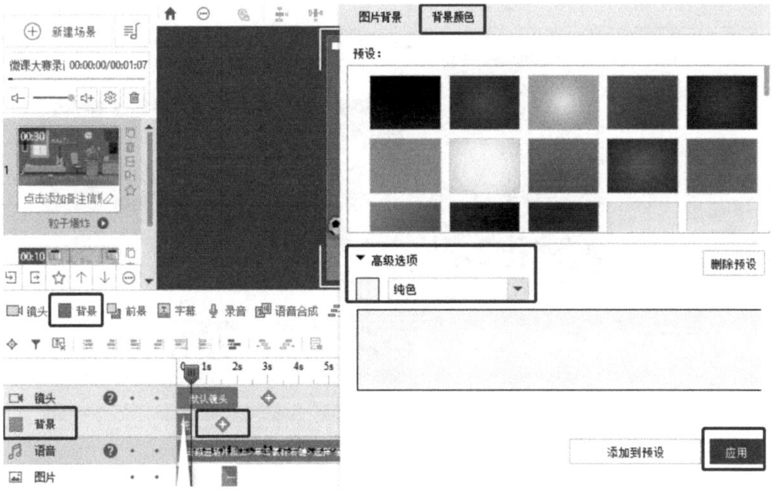

图 6-52　自定义纯色背景

自定义线性渐变背景颜色。单击"背景"图标下的"+"图标，添加背景。选择"背景颜色"选项卡，在"高级选项"下拉列表中选择"线性渐变"选项，调节渐变角度，选择颜色，单击"应用"按钮，如图 6-53 所示。

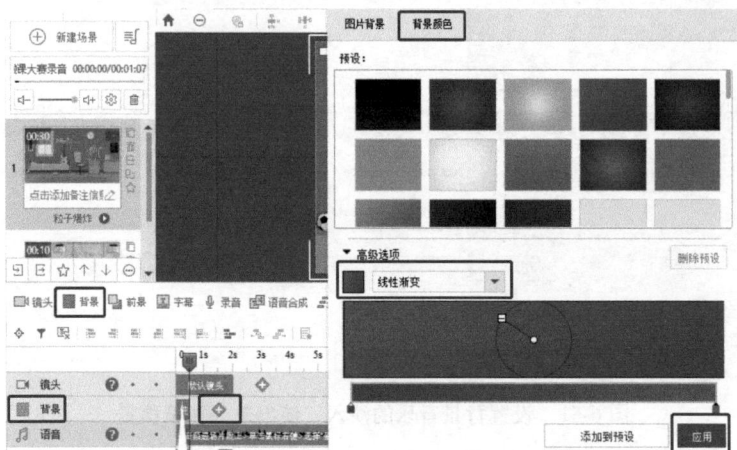

图 6-53　自定义线性渐变背景颜色

自定义径向渐变背景颜色。单击"背景"图标下的"+"图标，添加背景。选择"背景颜色"选项卡，在"高级选项"下拉列表中选择"径向渐变"选项，调节颜色，单击"应用"按钮，如图 6-54 所示。

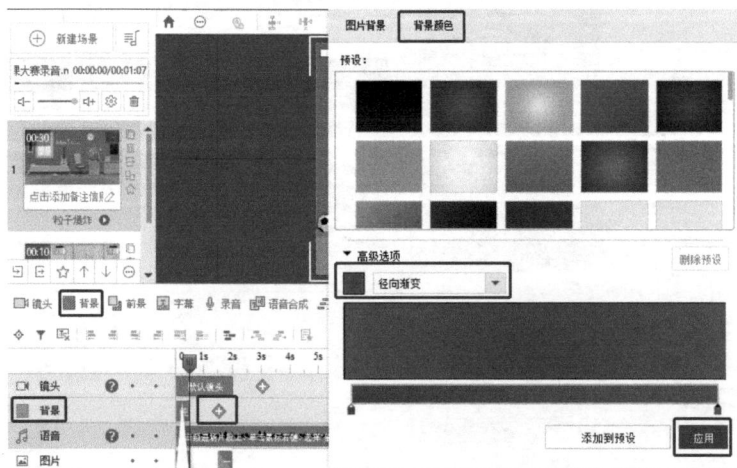

图 6-54　自定义径向渐变背景颜色

添加背景图片。可添加系统自带背景图片或系统外部背景图片。

添加系统自带背景图片：单击"背景"图标下的"+"图标，添加背景，选择"图片背景"选项卡，根据需要选择"经典""简约""风景""人物""视频""线条""其他"选项，单击图片，即可添加该图片背景，如图 6-55 所示。

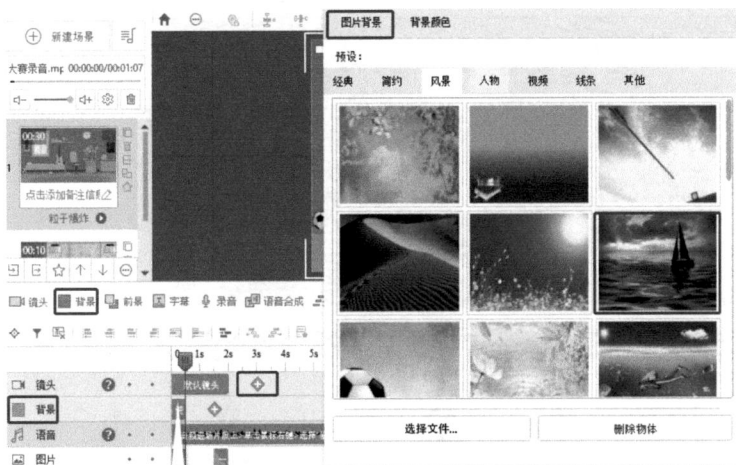

图 6-55　添加系统自带背景图片

添加系统外部背景图片：单击"背景"图标下的"+"图标，添加背景，选择"图片背景"选项卡，单击"选择文件"按钮，在弹出的窗口中选择一张图片作为背景图片，如图 6-56 所示。

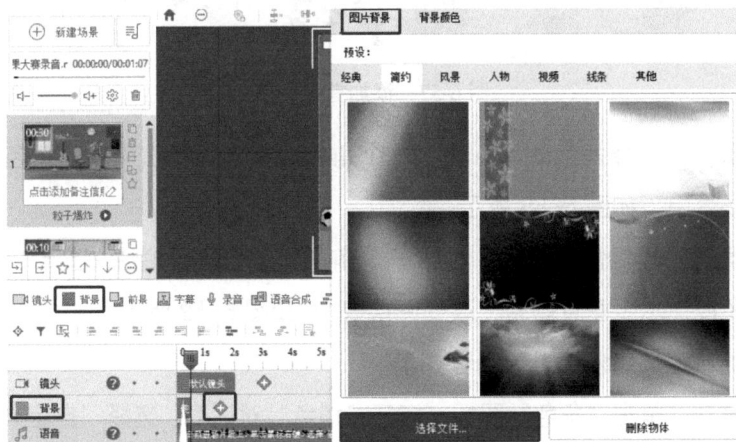

图 6-56　添加系统外部背景图片

111

功能 4　设置动画角色

添加官方角色。具体步骤如下。

步骤 1：单击"角色"图标，打开"角色"对话框，选择"官方角色"选项卡，选择一个角色种类并单击进入该角色种类的选择页面，如图 6-57 所示。

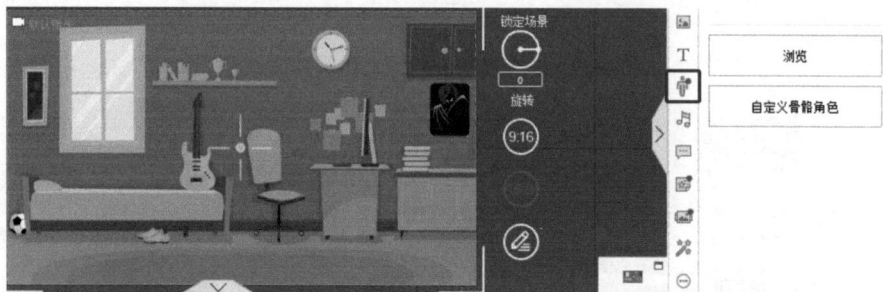

图 6-57　添加官方角色

步骤 2：选择角色动作。选中一个角色，挑选并单击需要的角色动作，添加到场景中，如图 6-58 所示。

步骤 3：编辑角色属性。选中一个角色，编辑角色属性（删除、清除物体旋转角度、水平垂直翻转、改变图层等），如图 6-59 所示。

添加自定义角色。具体步骤如下。

步骤 1：单击"角色"图标，打开"角色"对话框，选择"自定义角色"选项卡，单击"添加自定义角色"图标，为角色命名，添加缩略图（尺寸建议

160*200px），单击"确定"按钮，添加角色完成，如图 6-60 所示。

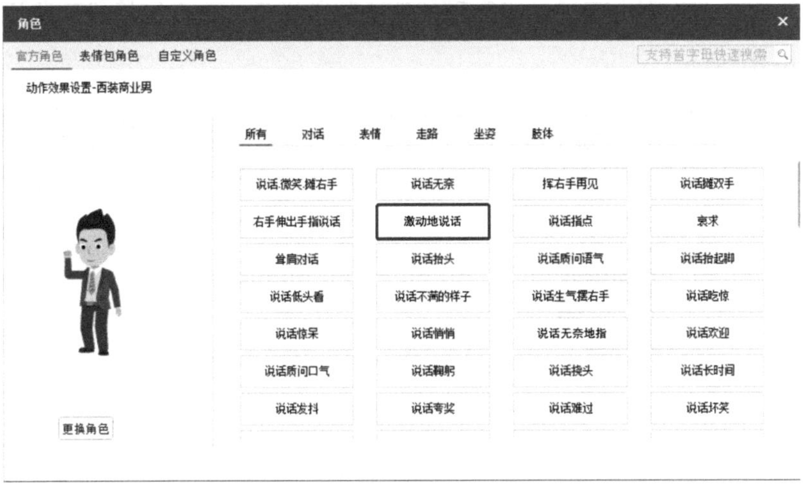

图 6-58　选择角色动作

图 6-59　编辑角色属性

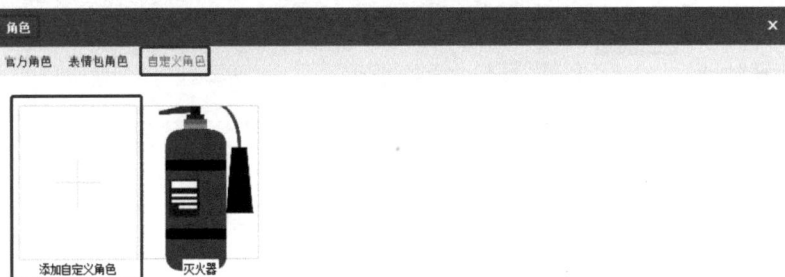

图 6-60　添加自定义角色

步骤 2：重新编辑或删除自定义角色。将光标放在角色缩略图上，待左下角和右下角分别出现"编辑"和"删除"字样后，执行编辑或删除操作，如图 6-61 所示。

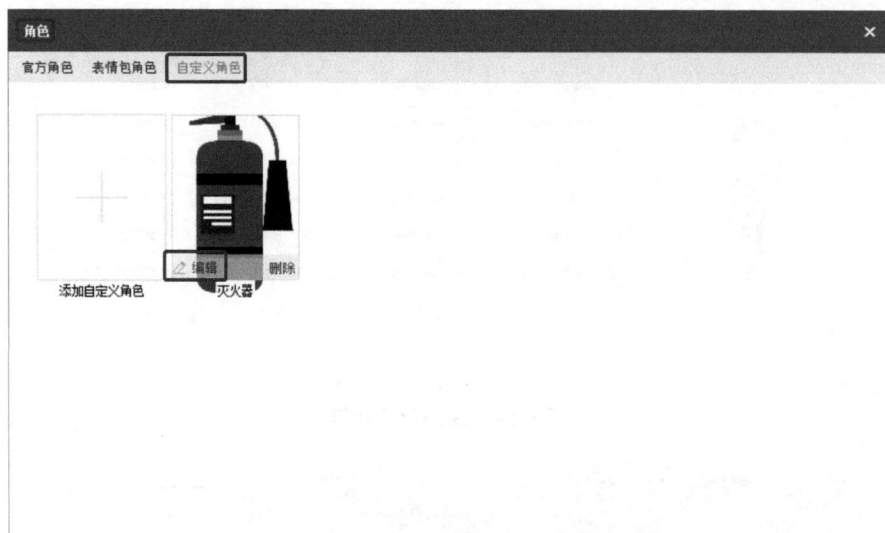

图 6-61　重新编辑或删除自定义角色

步骤 3：为自定义角色添加表情。选中添加好的角色，单击"添加表情"按钮，添加 Flash 或 GIF 文件（.swf、.gif），为表情命名、归类，之后单击"确定"按钮，如图 6-62 所示。

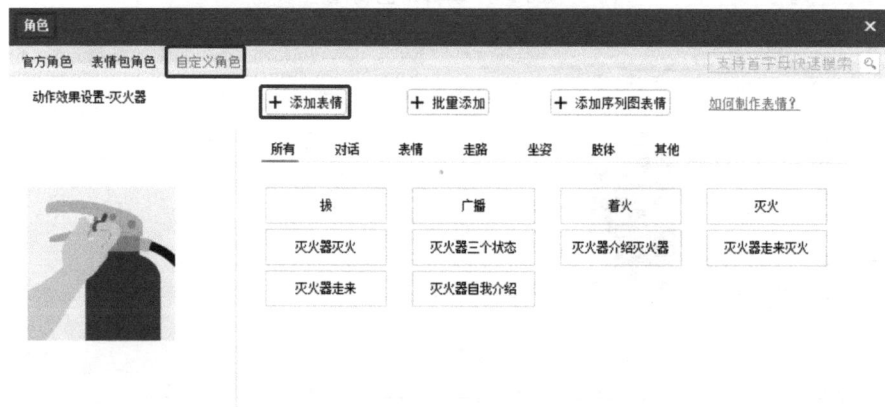

图 6-62　为自定义角色添加表情

功能 5　设置图片

添加本地图片。在元素右侧的工具栏中单击"图片"图标，单击"添加本地图片"按钮，选择本地图片添加至画布中，如图 6-63 所示。

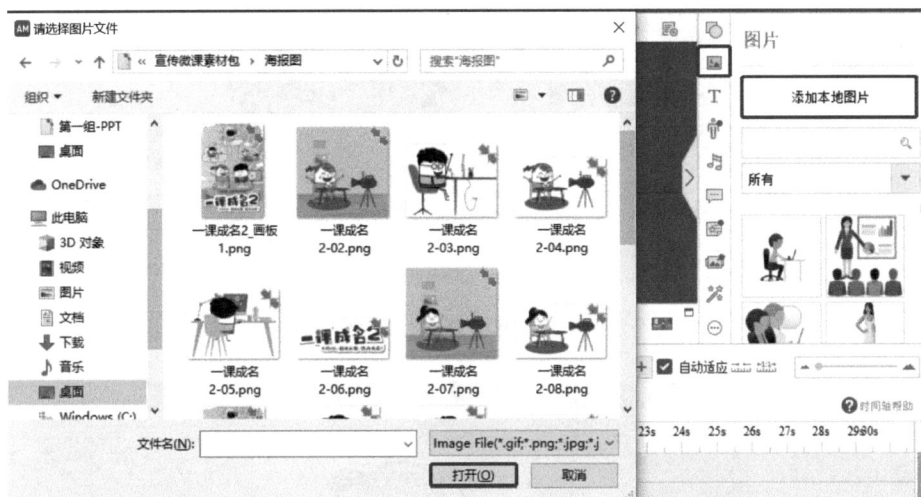

图 6-63　添加本地图片

添加系统图片。在元素右侧的工具栏中单击"图片"图标，单击任意在线素材，即可将其添加至画布中，如图 6-64 所示。

图 6-64　添加系统图片

编辑图片。单击"图片"图标，在右侧的工具栏中找到"图片编辑器"选项，单击其右侧的"编辑"按钮，打开"图片编辑器"对话框，如图 6-65

所示。单击"左旋转""右旋转""垂直翻转""水平翻转"图标，即可实现图片的左旋转、右旋转、垂直翻转、水平翻转，如图 6-66 所示。

图 6-65　编辑图片

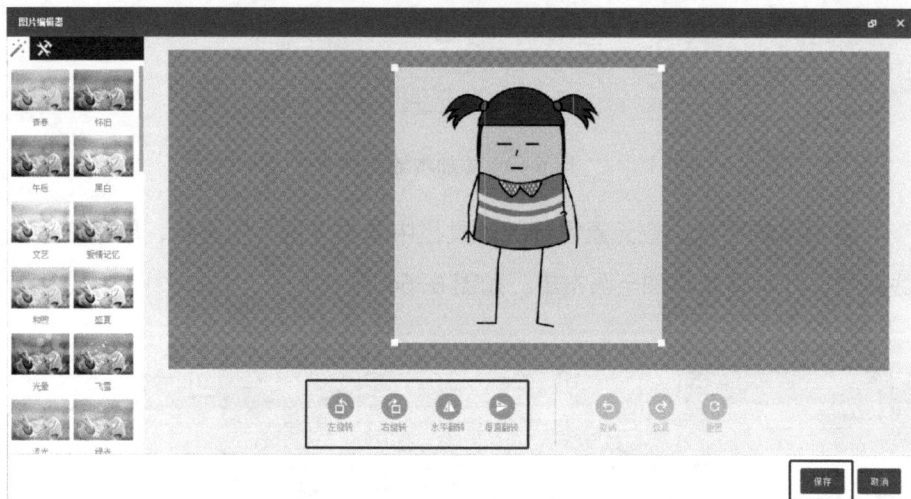

图 6-66　旋转图片

通过拖动图片四周的节点来控制图片的裁剪范围，然后单击"保存"按钮，如图 6-67 所示。

添加图片特效。单击任一滤镜选项，渲染后即可得到对应的效果，单击"保存"按钮，如图 6-68 所示。

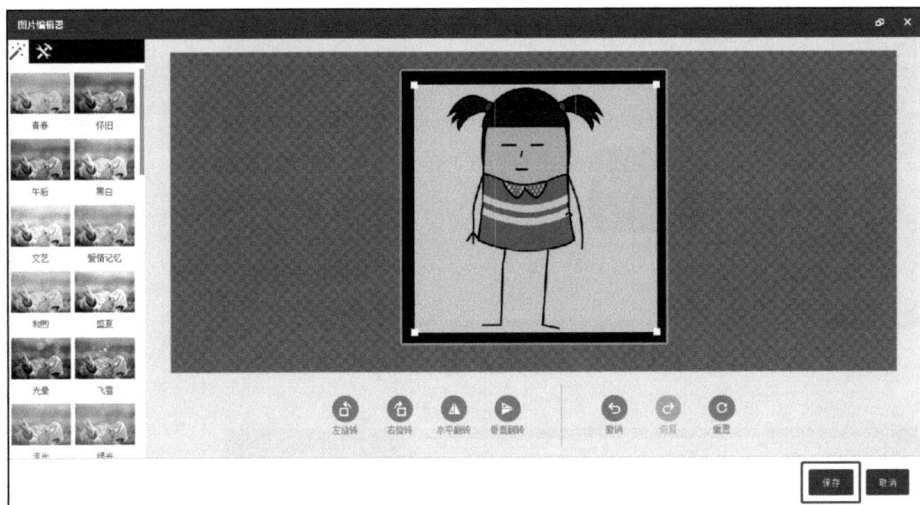

图 6-67 裁剪图片

图 6-68 添加图片特效

功能 6 设置图形

添加图形。单击"图形"图标，单击任意图形便可将其添加到画布中，如图 6-69 所示。

编辑图形。选中图形即可自主编辑图形的属性，如样式、旋转角度、图层、透明度、颜色、填充等，如图 6-70 所示。

图 6-69　添加图形

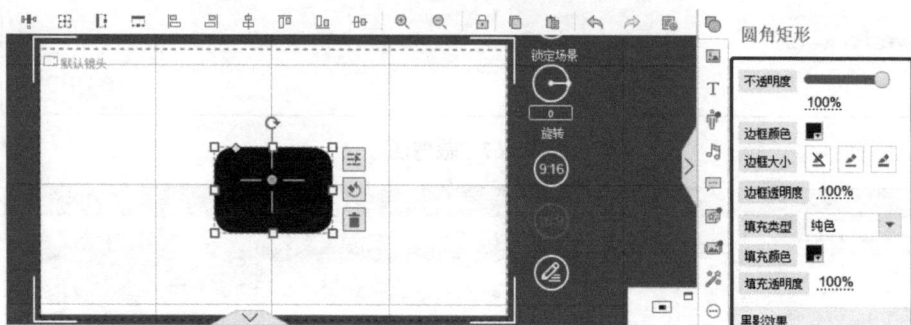

图 6-70　编辑图形

功能 7　设置文字

添加文字。单击"文本"图标，然后单击"添加文本"按钮，单击画布输入文字，如图 6-71 所示。

图 6-71　添加文字

编辑文本属性。选中文本，在右侧的编辑栏中编辑文字的大小、颜色、字体、透明度等，如图 6-72 所示。

图 6-72　编辑文本属性

选中编辑被锁定的文本。选中文本，出现四个功能按钮，单击"编辑文本"按钮，即可实现自由编辑，如图 6-73 所示。

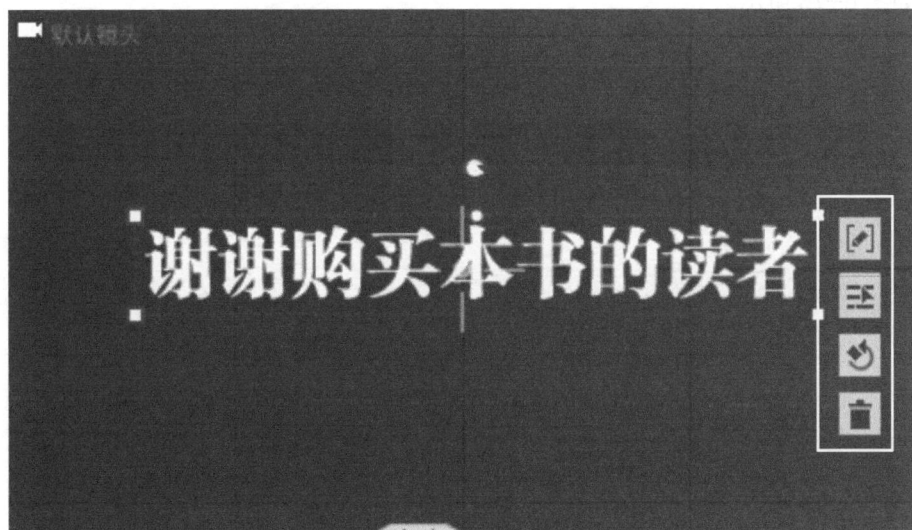

图 6-73　选中编辑被锁定的文本

调整文字行间距、字间距。单击右侧字体设置栏的"增大行距"图标，便可增大文字的行间距；单击右侧字体设置栏的"缩小行距"图标，便可缩小文字的行间距，如图 6-74 所示。

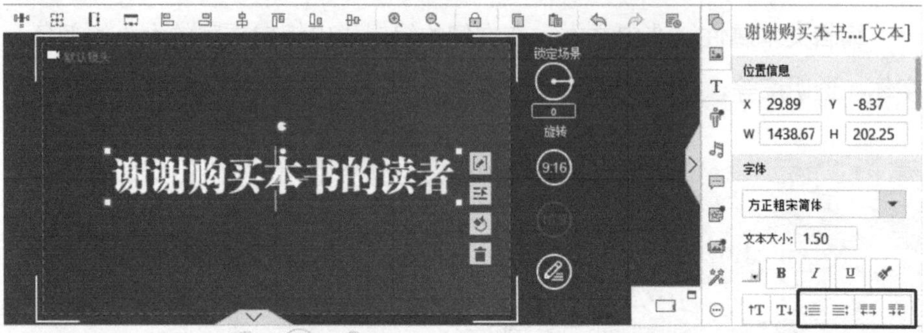

图 6-74　调整文字行间距、字间距

　　给字体添加抖动的动画效果。在时间轴区域找到动画元素，单击"＋"图标，此时会弹出一个"强调效果"对话框。在搜索框中输入字母 dd，即可找到拼音以 d 开头的强调效果，这样就能轻松找到"抖动"这个强调效果。单击"抖动"选项之后单击"确定"按钮，字体的抖动效果就添加完成了，如图 6-75 所示。

图 6-75　给字体添加抖动的动画效果

　　添加字幕。单击"字幕"图标下的"＋"图标，添加字幕。设置字幕的字体、大小、颜色、位置，然后单击"保存"按钮，如图 6-76 所示。

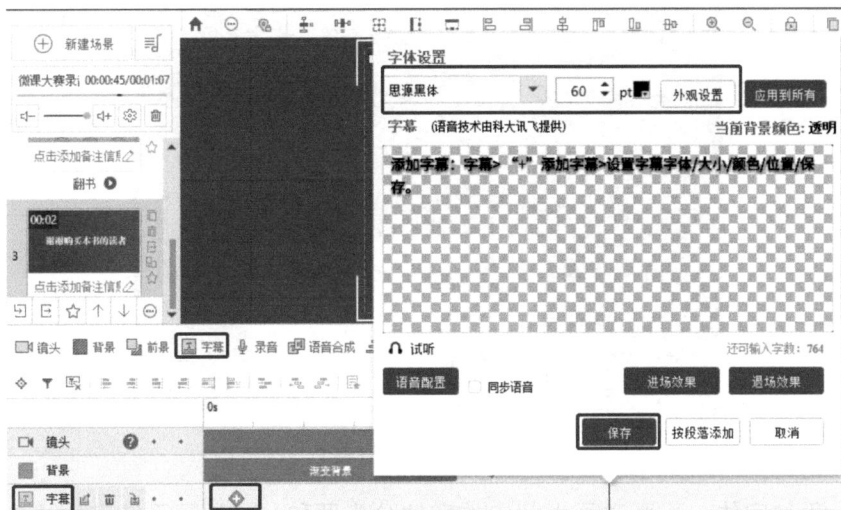

图 6-76　添加字幕

设置字幕显示时长。播放预览字幕效果，移动光标至字幕条处，左右拖动设置字幕显示时长，然后单击"播放"图标，预览字幕添加效果，如图 6-77 所示。

图 6-77　设置字幕显示时长

清除字幕。按住 Ctrl+M 键，系统会弹出"是否清空所有字幕？"的提示框，单击"是"按钮，则该动画视频中的全部字幕都会被清除，如图 6-78 所示。

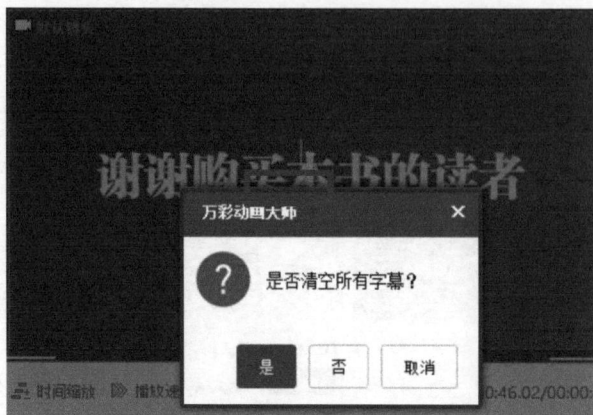

图 6-78　清除字幕

添加字体。万彩动画大师中的字体分为两种，一种是系统字体（电脑系统自带的字体），一种是模板字体（工程文件中的字体）。若字体（如华康少女体）为模板字体，即使系统中无此字体，在该软件中也可以使用该模板字体。

安装新字体到电脑系统后（下载完新字体后，把该字体直接复制到系统字体中即可），万彩动画大师会自动搜索系统中的字体，并将其导入软件的字体列表，如图 6-79 所示。

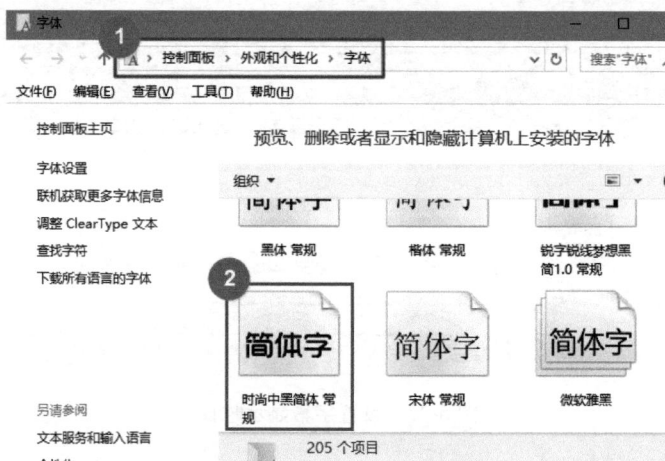

图 6-79　安装新字体到电脑系统中

关于字体的常见问题

问题 1：为什么电脑中已安装的字体有些并没有显示在万彩动画大师字体列表中？

回答：因为该字体是从网上下载的，字体签名有问题，所以万彩动画大师在导入字体时识别不了，该字体变成了乱码，无法加载。

问题 2：为什么有的字体在 Word 文档中可以使用，而在万彩动画大师中不能使用？

回答：因为这两种软件用的不是同一种编程语言。在加载系统字体时，两者各自搜索导入的条件不一样，于是造成了这种差异。例如，有些中文字体本身是没有粗体或斜体效果的，但在 Word 中就能显示出这种效果，这是因为 Word 给字体使用了滤镜，使其产生了这种效果，而不是字体本身具有这种效果。

功能 8　设置对话框（气泡）

添加气泡对话框。单击"气泡"图标，然后单击"添加在线气泡"按钮，打开"气泡"对话框。在"气泡"选项卡中选择合适的气泡对话框并单击，便可将其添加到画布中，如图 6-80 所示。

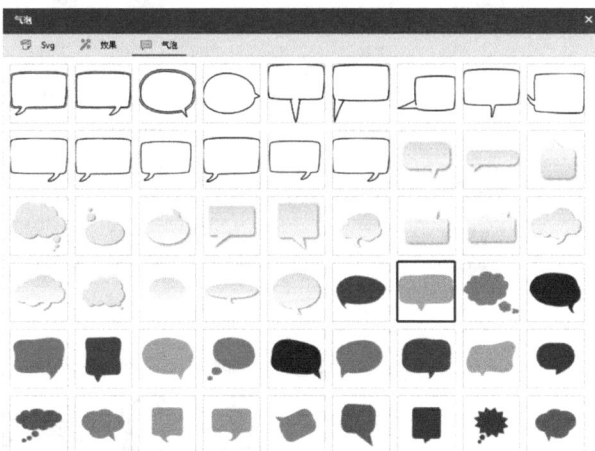

图 6-80　添加气泡对话框

编辑对话框。选中气泡对话框，对其进行属性编辑（图层、不透明度、对齐方式、翻转效果等），如图 6-81 所示。

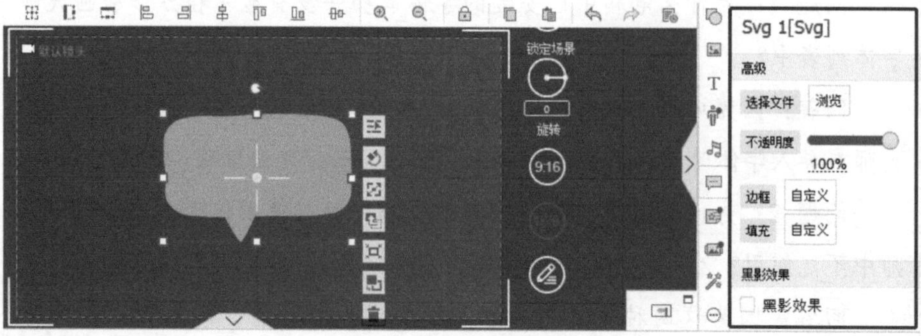

图 6-81 编辑对话框

功能 9 设置 Svg 图片

添加 Svg 图片。单击元素右侧工具栏中的"Svg 库"图标，在弹出的"Svg"对话框中选择一个 Svg 类别，单击任意一张 Svg 图片，即可将其添加到画布中，如图 6-82 所示。

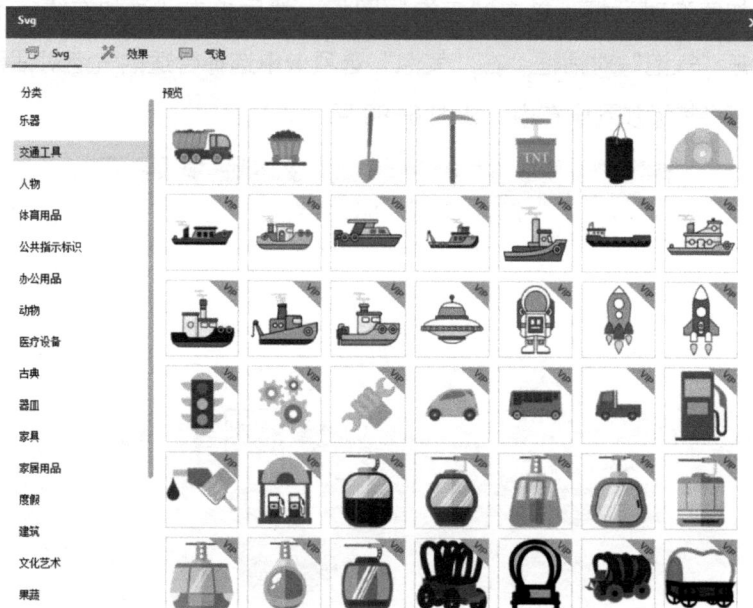

图 6-82 添加 Svg 图片

编辑 Svg 图片。选中 Svg 图片，在快捷工具栏中调整 Svg 图片的位置，也可在右边框内调整 Svg 图片的时间信息、位置信息、不透明度、边框、填充等，如图 6-83 所示。

图 6-83　编辑 Svg 图片

功能 10　添加效果

步骤 1：单击"效果"图标，弹出"效果"对话框，如图 6-84 所示。

步骤 2：在"效果"对话框中选择一个效果类别，如图 6-85 所示。

步骤 3：在"效果"对话框右侧单击任一效果添加到画布中，此时添加的效果为动态效果，如图 6-86 所示。

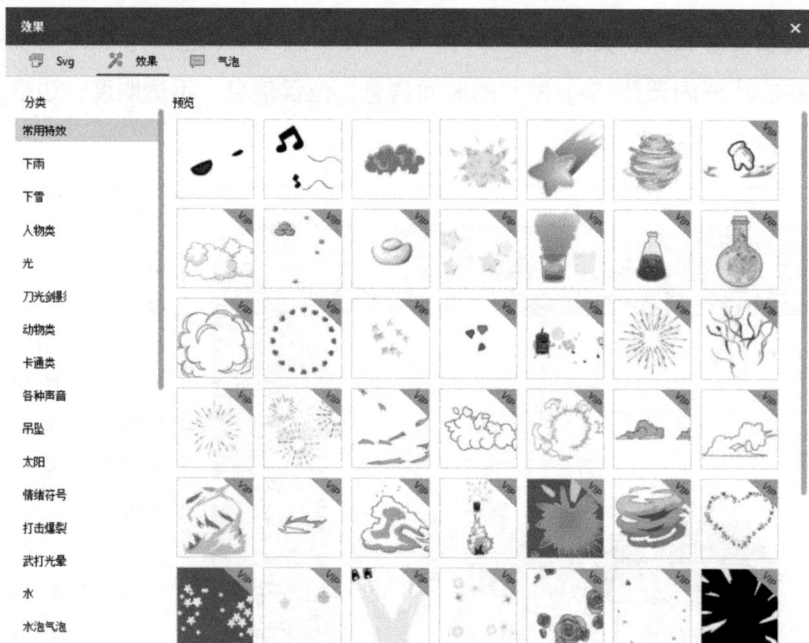

图 6-84 "效果"对话框

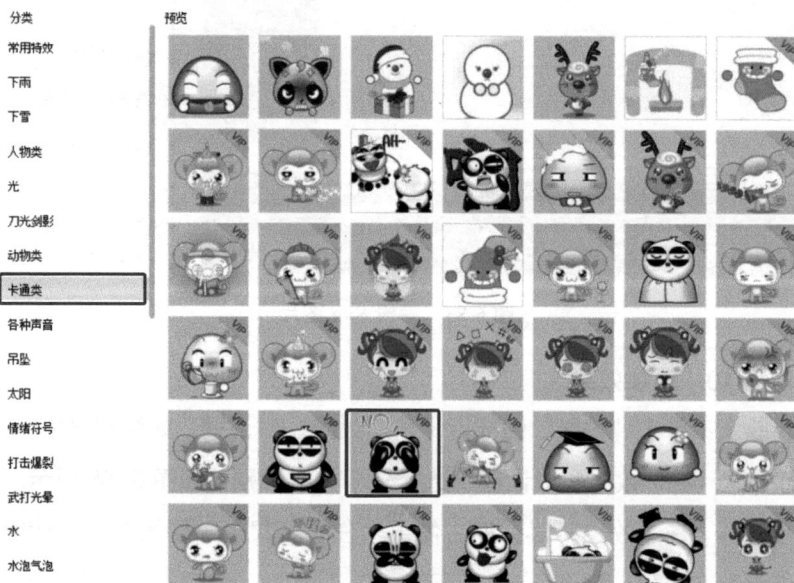

图 6-85 选择效果类别

图 6-86　添加效果到画布中

功能 11　设置视频

添加本地视频。单击"视频"图标，然后单击"添加本地视频"按钮，选择本地视频添加到画布中，如图 6-87 所示。

图 6-87　添加本地视频

编辑视频。选中视频，编辑视频属性，包括编辑视频的时间信息、位置信息、图层、不透明度等，在快捷工具栏中可以水平、垂直翻转视频，如图 6-88 所示。

图 6-88　编辑视频

　　注意，要使嵌入的视频完整播放，那么视频的进场动画与退场动画之间的时长应不小于视频的时长。例如，视频的时长是 3 秒，那么其进场动画与退场动画之间的时长应等于或大于 3 秒，如图 6-89 所示。

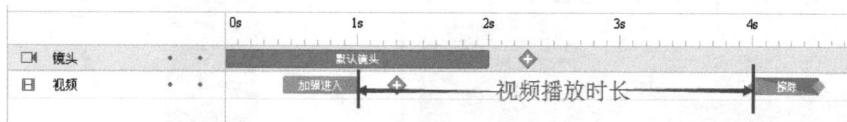

图 6-89　视频播放时长

功能 12　设置 SWF

　　添加 SWF。在元素右侧的工具栏中单击"SWF"图标，然后单击"添加本地 SWF"，选择本地 SWF 到画布中，如图 6-90 所示。

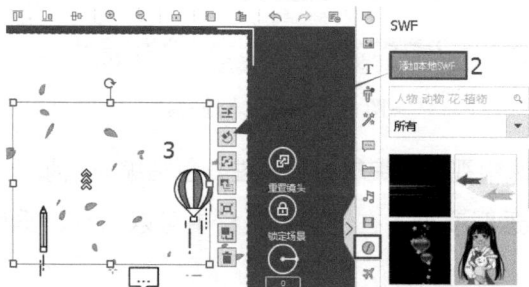

图 6-90　添加 SWF

　　编辑 SWF。选中 SWF，编辑 SWF 素材属性（如时间、位置、不透明度等），在快捷工具栏中对 SWF 进行编辑（设置图层、对齐、等距、锁定等），如图 6-91 所示。

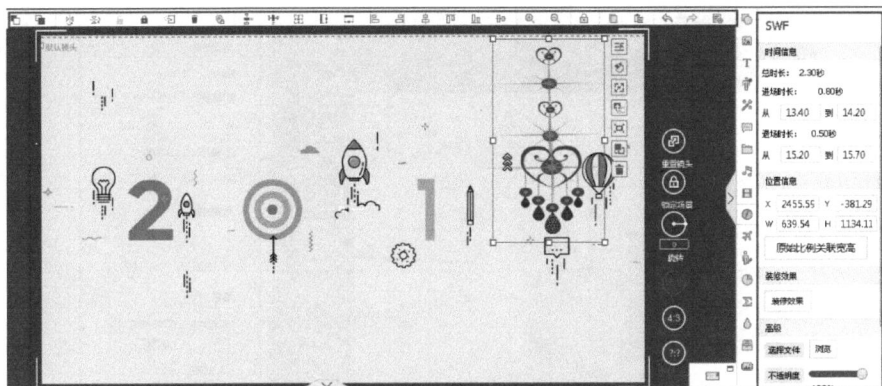

图 6-91　编辑 SWF

功能 13　设置特殊符号

　　添加特殊符号。单击"特殊符号"图标，从列表中选择合适的特殊符号并单击，便可将其添加到画布中，如图 6-92 所示。

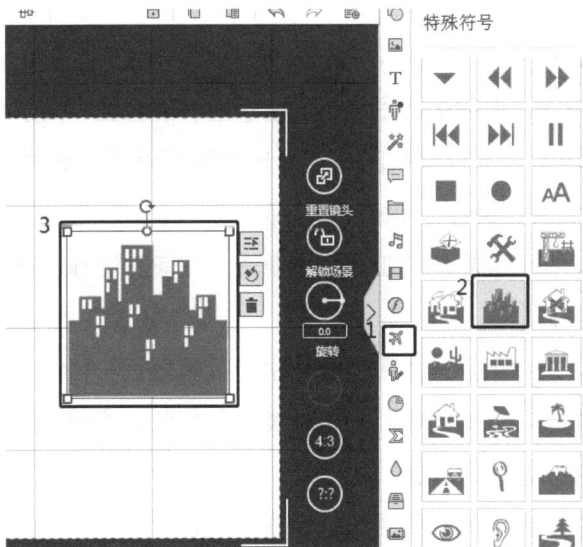

图 6-92　添加特殊符号

编辑特殊符号。选中特殊符号，对其进行属性编辑，包括水平/垂直翻转、对齐、填充颜色、不透明度等，如图 6-93 所示。

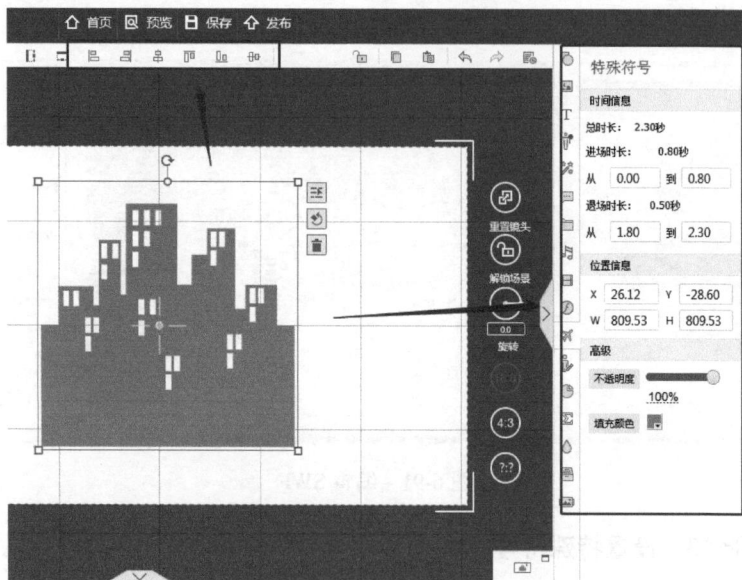

图 6-93　编辑特殊符号

功能 14　设置图表

万彩动画大师有图表功能，可以直观地展示数据信息。柱状图、散点图、饼图、折线图、面积图、堆叠图、雷达图、混合图、南丁格尔玫瑰图、表格、垂直柱状图、垂直堆积图、百分比堆积折线图、单轴散点图、热力图，15 种不同类型的图表可使微课更专业、生动。

编辑图表。在元素右侧的工具栏中单击"图表"图标，选择一种图表类型添加至场景中。

编辑数据。选中所添加的图表，单击"编辑数据"按钮，自定义数据信息，包括变量面板、分类面板、坐标轴类型和颜色、图例方向、线条平滑，单击"确定"按钮，保存设置。

设置效果。选择所添加的图表，在右侧编辑栏编辑图表中文字的字体、颜色、大小、位置、进场/退场时长等。

功能 15　添加公式

在元素右侧的工具栏中单击"公式"图标，在弹出的"公式"对话框中选择需要的公式类型，然后输入公式，单击"确定"按钮，如图 6-94 所示。

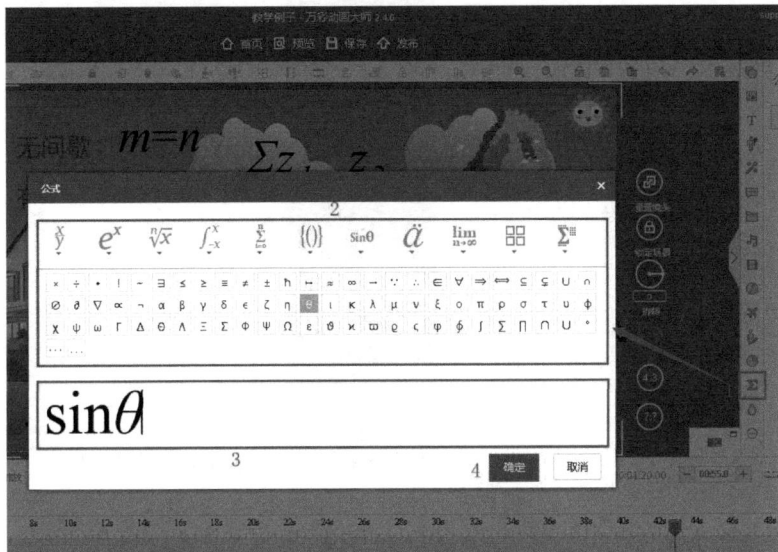

图 6-94　添加公式

功能 16　添加模糊、马赛克、聚光灯和高亮功能

添加模糊功能。在元素右侧的工具栏中单击"标注"图标，然后选择"模糊"功能，如图 6-95 所示。

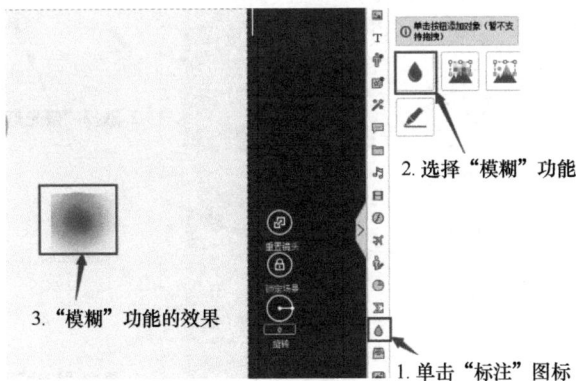

图 6-95　添加模糊功能

添加**马赛克**功能。在元素右侧的工具栏中单击"标注"图标，然后选择"马赛克"功能，如图 6-96 所示。

图 6-96 添加马赛克功能

添加**聚光灯**功能。在元素右侧的工具栏中单击"标注"图标，然后选择"聚光灯"功能，如图 6-97 所示。

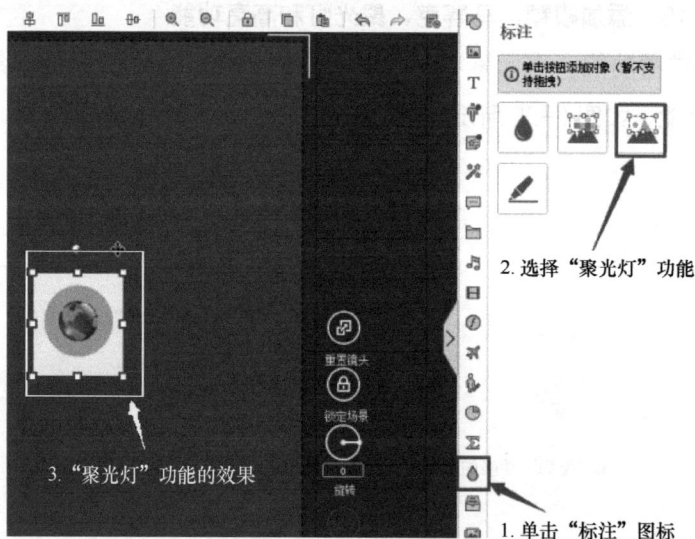

图 6-97 添加聚光灯功能

添加高亮功能。在元素右侧的工具栏中单击"标注"图标，然后选择"高亮"功能，如图 6-98 所示。

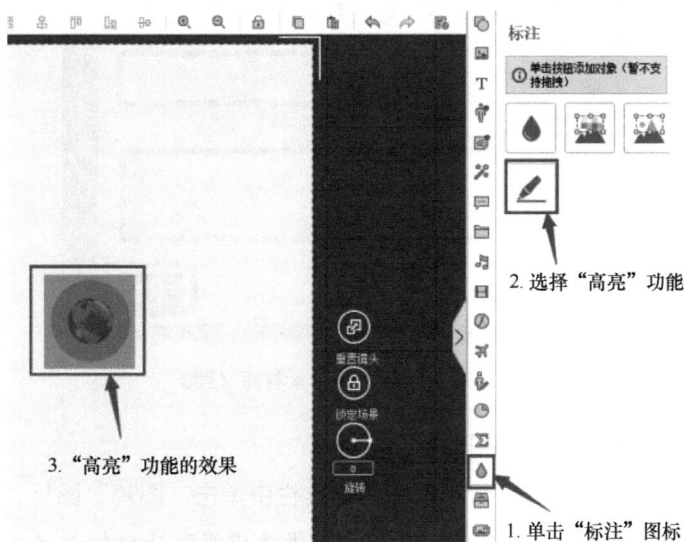

图 6-98　添加高亮功能

功能 17　收藏素材到素材库

收藏素材到素材库的步骤为：选中素材，单击鼠标右键，选择"添加到素材库"选项，在弹出的对话框中输入该素材的标题和描述信息，单击"确定"按钮，如图 6-99 所示。

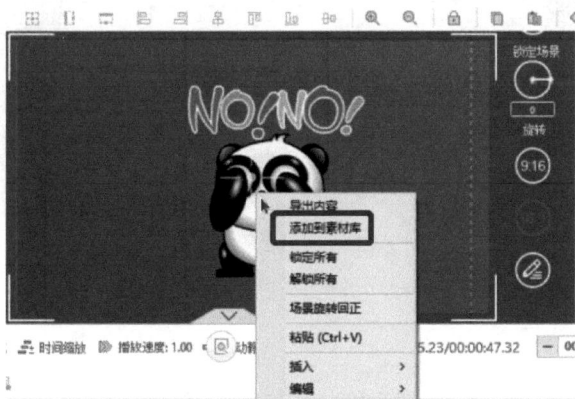

图 6-99　收藏素材到素材库

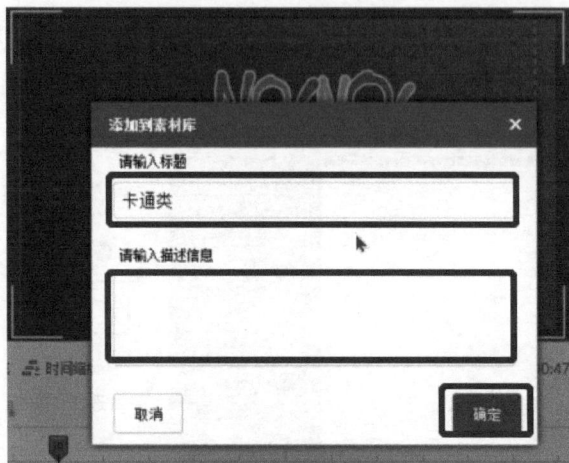

图 6-99　收藏素材到素材库（续）

功能 18　设置图片幻灯片

添加图片幻灯片。在元素右侧的工具栏中单击"图片"图标，然后单击"添加本地图片"按钮，在弹出的对话框中选择需要添加的图片，单击"打开"按钮。选中添加的图片幻灯片，在右侧编辑栏单击"装修效果"按钮，设置图片幻灯片的蒙版形状、前景和效果，如图 6-100 所示。

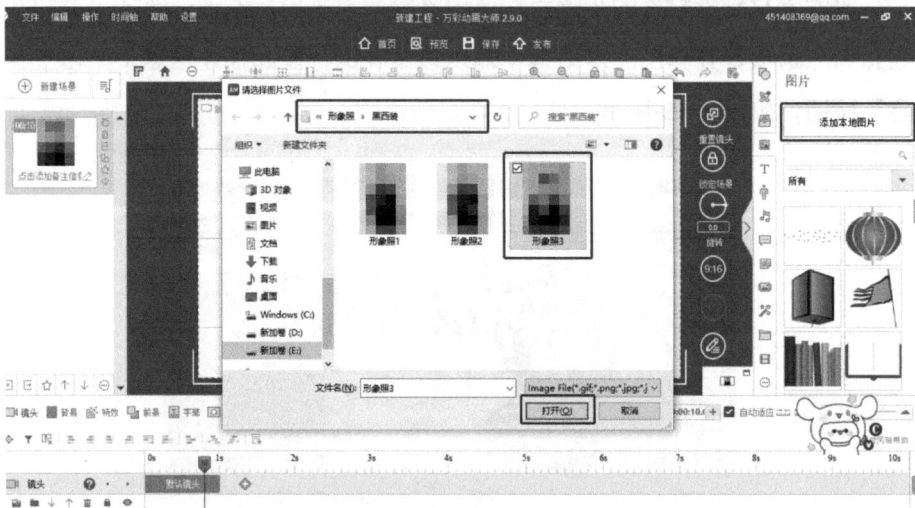

图 6-100　添加图片幻灯片

图 6-100　添加图片幻灯片（续）

　　注意，万彩动画大师提供有 7 种精美幻灯片类型，包括默认、渐变、翻转、相册、移动、缩放、三维，如图 6-101 所示。

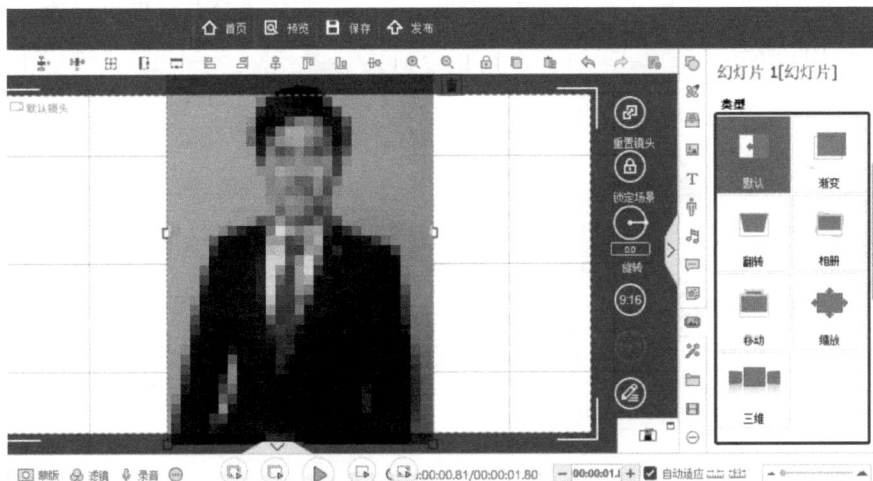

图 6-101　7 种精美幻灯片类型

　　替换所添加的图片。 若需要替换所添加的图片，可通过"清除"和"添加"按钮进行操作，然后设置图片幻灯片的边框大小、边框颜色、拉伸方式和不透明度，如图 6-102 所示。

图 6-102　替换所添加的图片

功能 19　设置元素

旋转元素。 选中元素，单击"旋转"图标，长按鼠标左键进行旋转，如图 6-103 所示。

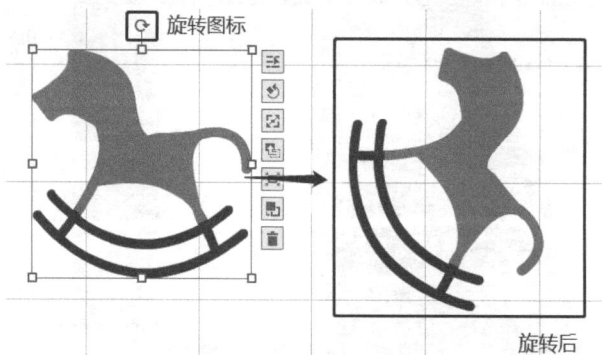

图 6-103　旋转元素

清除元素旋转角度。 选中元素，单击鼠标右键，执行"编辑—清除物体旋转角度"命令，便可清除元素旋转角度，如图 6-104 所示。

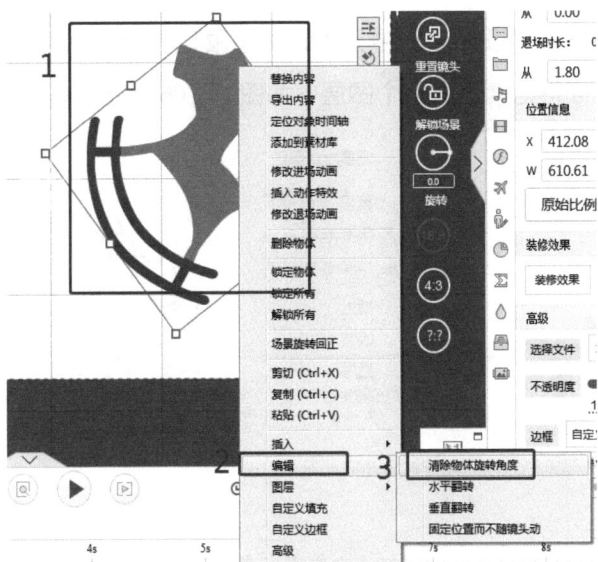

图 6-104　清除元素旋转角度

水平翻转、垂直翻转元素。选中元素，单击鼠标右键，执行"编辑—水平翻转（或垂直翻转）"命令，便可水平翻转（或垂直翻转）元素，如图 6-105 所示。

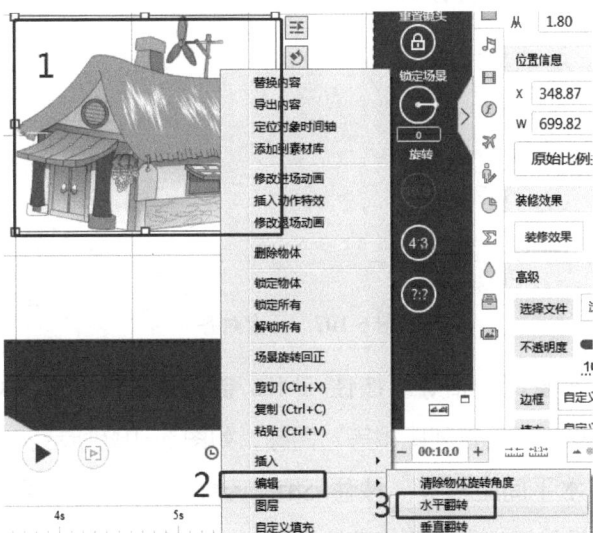

图 6-105　水平翻转、垂直翻转元素

137

自定义元素图层顺序。选中元素，单击鼠标右键，执行"图层—上移一层"命令，便可将元素上移一个图层，如图 6-106 所示。

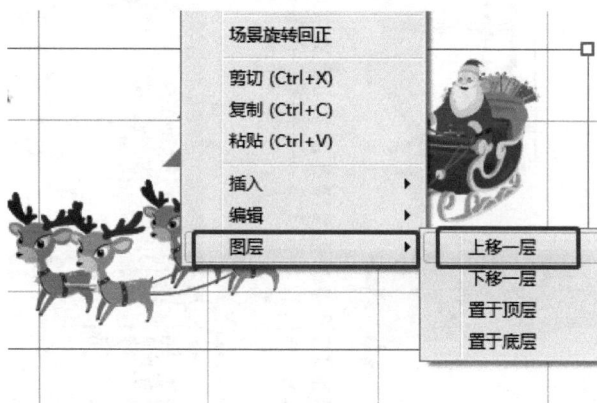

图 6-106　自定义元素图层顺序

元素对齐。按住 Shift 键，依次选中需要对齐的元素，在元素上方的工具栏中选择任意一种对齐方式，如图 6-107 所示。

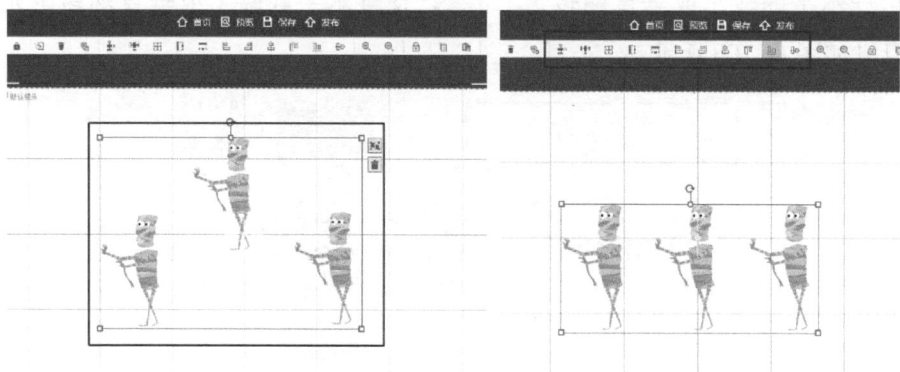

图 6-107　元素对齐

使组件间垂直间距相等。按住 Shift 键，依次选中需要对齐的元素组件，单击"使组件间垂直间距相等"图标，如图 6-108 所示。

使组件间水平间距相等。按住 Shift 键，依次选中需要对齐的元素组件，单击"使组件间水平间距相等"图标，如图 6-109 所示。

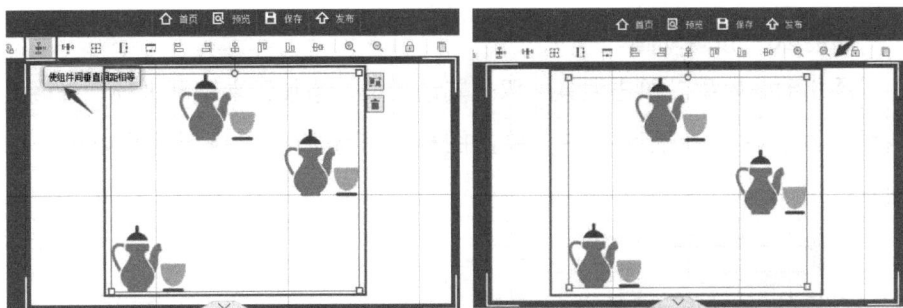

图 6-108　使组件间垂直间距相等

图 6-109　使组件间水平间距相等

使元素固定位置不随镜头移动。在元素上方的工具栏中单击"固定位置而不随镜头动"图标，如图 6-110 所示。

图 6-110　使元素固定位置不随镜头移动

功能 20　设置动画

添加动画效果。单击元素，双击其动画条，添加元素动画进场、强调及退场动画。在动画进度条中，单击图标即可添加多个强调动画效果，如图 6-111 所示。

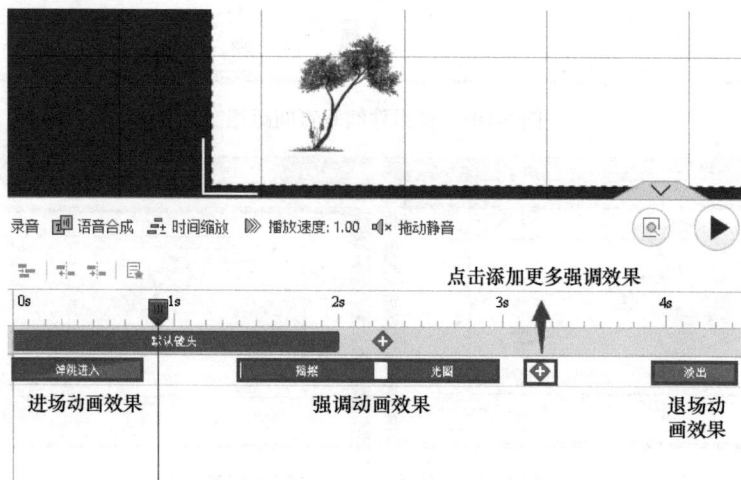

图 6-111　添加动画效果

特殊效果（无）。若想设置元素直接进场而不添加任何动画效果，可双击元素的动画条，设置其动画效果为"无"，如图 6-112 所示。

图 6-112　添加特殊效果（无）

添加手绘动画效果。双击元素的动画条，在"特殊效果"选项中设置其动画效果为"手绘"，生动的手绘效果会让元素的进场演示更加丰富有趣，如图 6-113 所示。

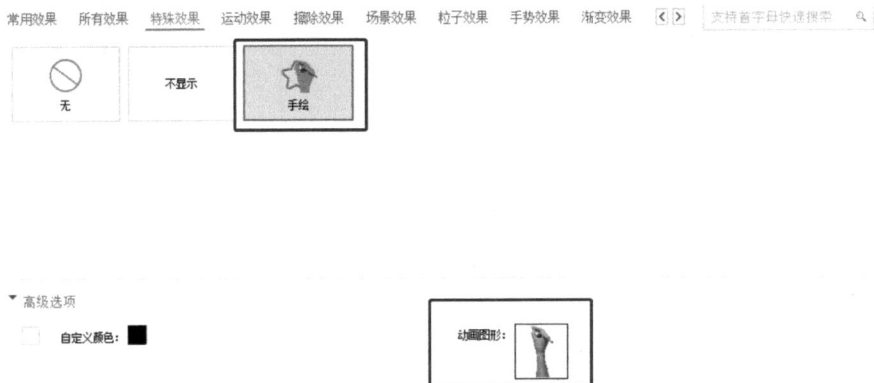

图 6-113　添加手绘动画效果

添加移动的动画效果。具体步骤如下。

步骤 1：单击元素旁边的图标，在弹出的对话框中选择"移动"效果，如图 6-114 所示。

图 6-114　添加移动的动画效果

步骤 2：单击要移动的元素，出现箭头，指向元素复制体，拖动元素复制体，设置元素直线移动路径，如图 6-115 所示。

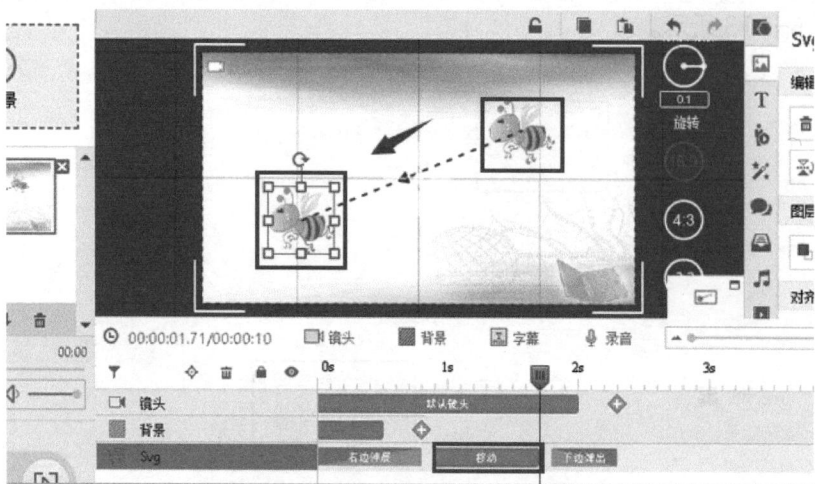

图 6-115　设置元素直线移动路径

步骤 3：单击元素和元素复制体中间的虚线，出现圆点，拖动圆点，设置元素移动的弧度，使元素曲线移动，如图 6-116 所示。

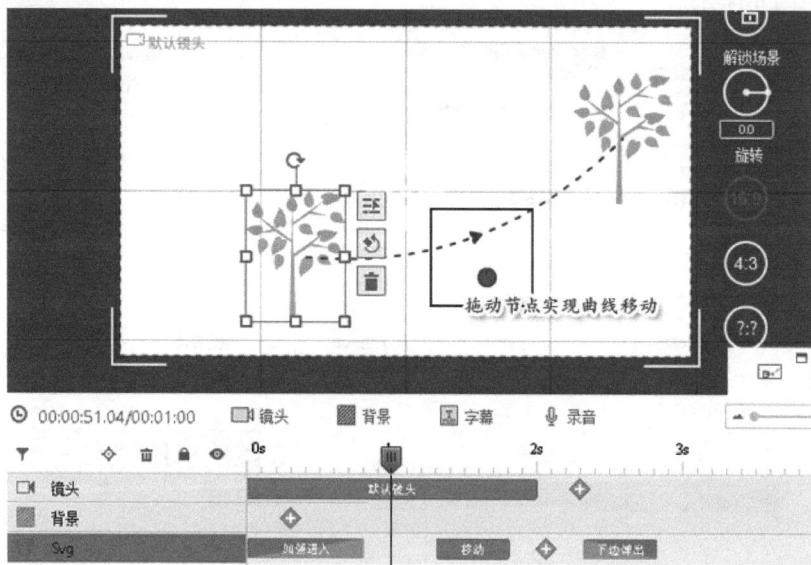

图 6-116　设置元素曲线移动路径

步骤 4：单击小圆点恢复直线路径，如图 6-117 所示。

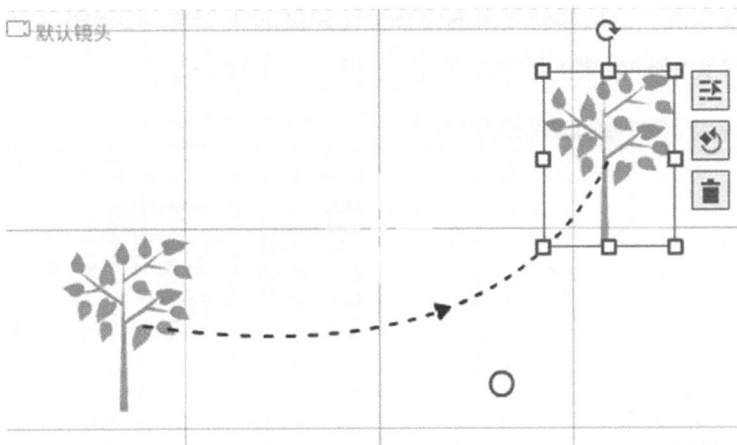

图 6-117　恢复直线路径

移动动画的变化曲线设置。移动效果有 4 种，分别是位移、缩放、旋转、透明曲线。操作步骤为：双击移动效果，在"高级选项"栏选择一种变化曲线并单击，即可将其应用到镜头中，也可以自定义曲线变化，如图 6-118 所示。

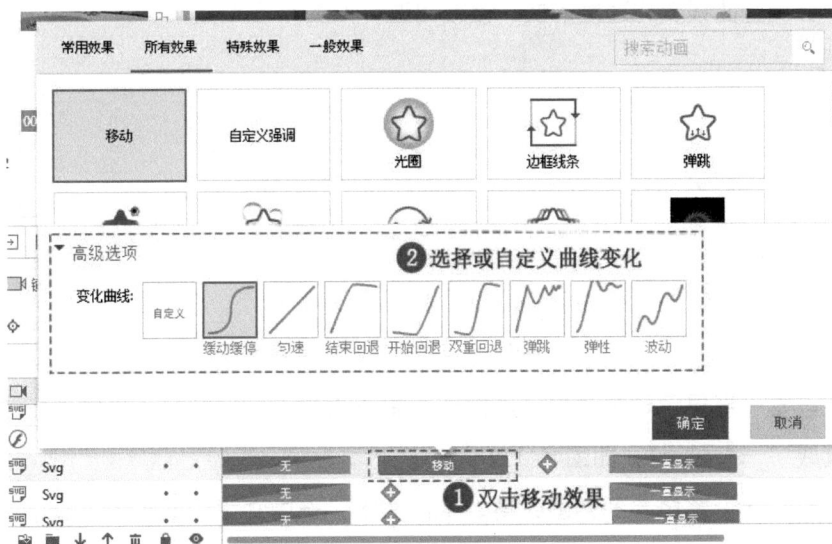

图 6-118　移动动画的变化曲线设置

143

自定义变化曲线界面。Y 轴变化量是指移动效果会出现的曲线变化（拿位移曲线来说，是指移动效果的位移变化速度的快、慢、回退等）；X 轴变化量是指镜头/移动效果的播放时长比，如图 6-119 所示。

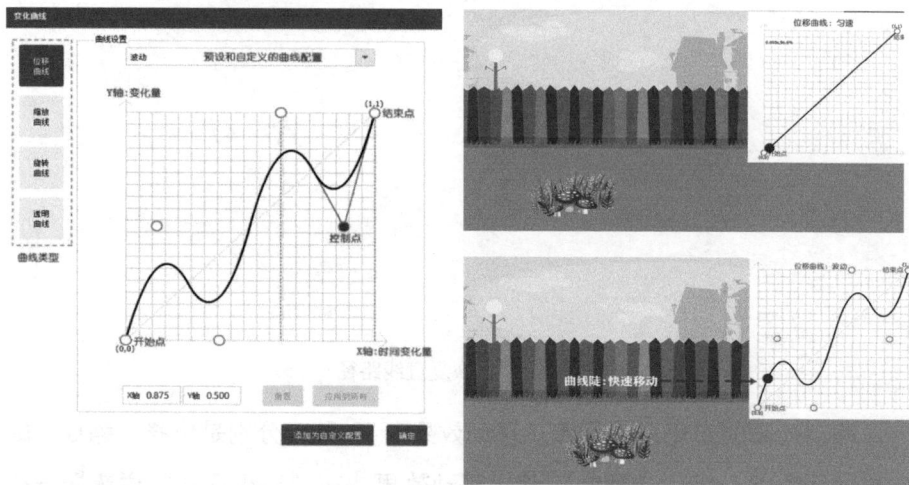

图 6-119　自定义变化曲线界面

单击开始点/结束点，会出现一个控制点，拖动控制点，便可控制曲线变化，可调整曲线变化速度的快、慢或回退，如图 6-120 所示。

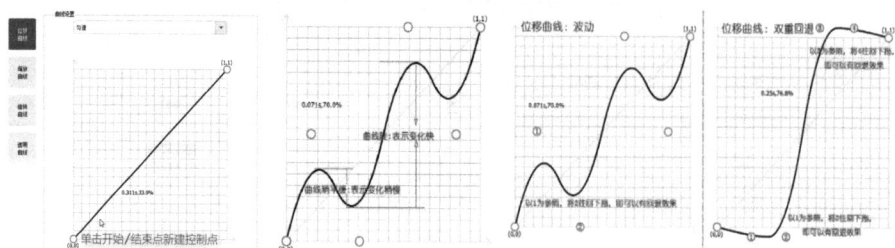

图 6-120　自定义变化曲线控制点

设置一直显示动画效果。若想让元素一直显示，可把该元素的退场效果设置成"一直显示"，如图 6-121 所示。

为文字设置精美的动画效果。单击文本，选中文本的动画条，双击添加文本的动画效果，选中动画效果，设置其高级选项，如图 6-122 所示。

图 6-121 设置一直显示动画效果

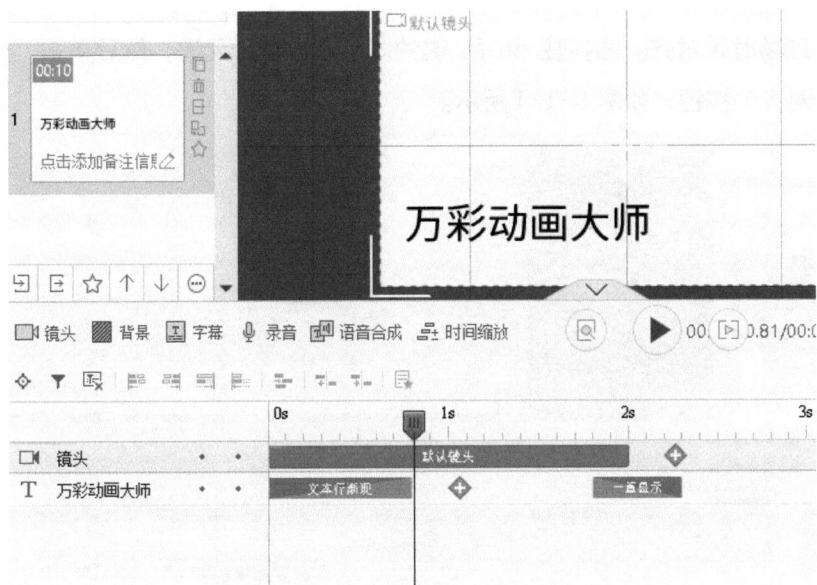

图 6-122 为文字设置精美的动画效果

设置动画时长。选中元素，把光标移动到该元素的动画条，点击动画条左侧或右侧的橙色滑块并拖动滑块，调节动画条的长短，继而调整动画显示时长，如图 6-123 所示。

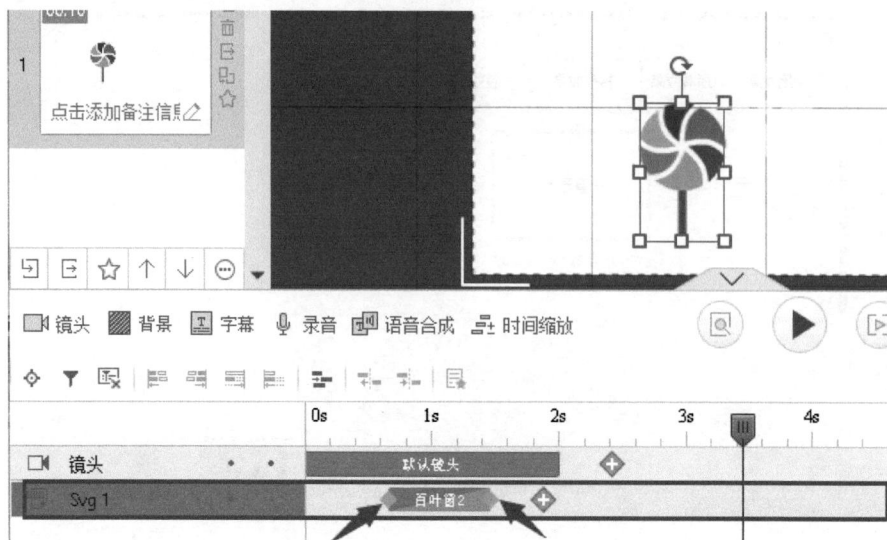

图 6-123　设置动画时长

进场时长对齐。在按住 Shift 键的同时选中多个元素，然后单击"进场时长对齐"按钮，如图 6-124 所示。

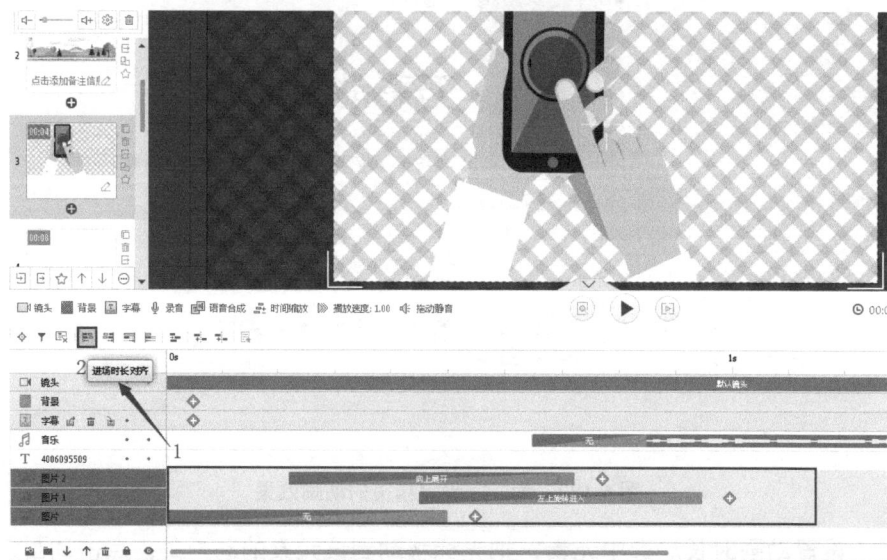

图 6-124　进场时长对齐

退场时长对齐。在按住 Shift 键的同时选中多个元素，单击"退场时长对齐"按钮，如图 6-125 所示。

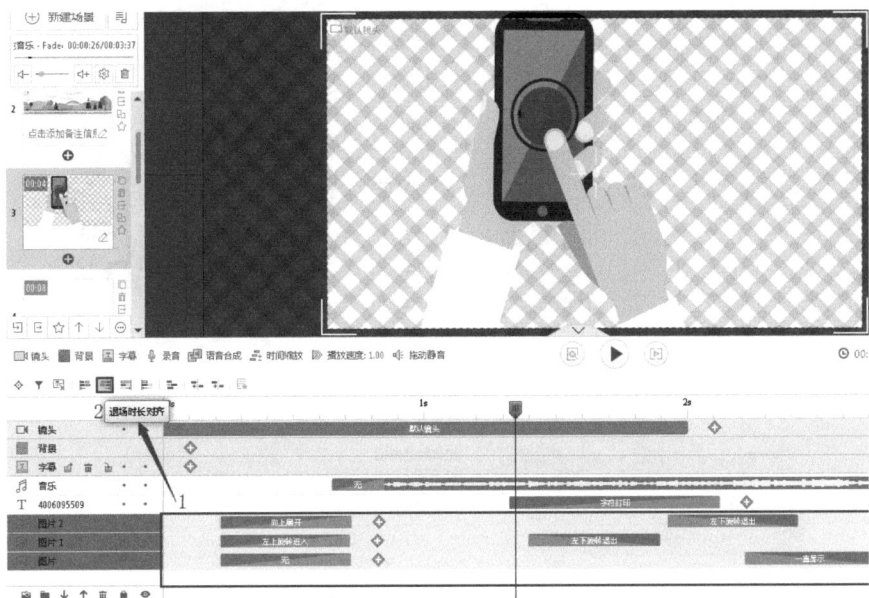

图 6-125 退场时长对齐

设置元素播放顺序。 可拖动动画条设置元素的播放顺序。拖动不同元素的进场动画条到不同位置，即可设置元素的先后播放顺序，如图 6-126 所示。

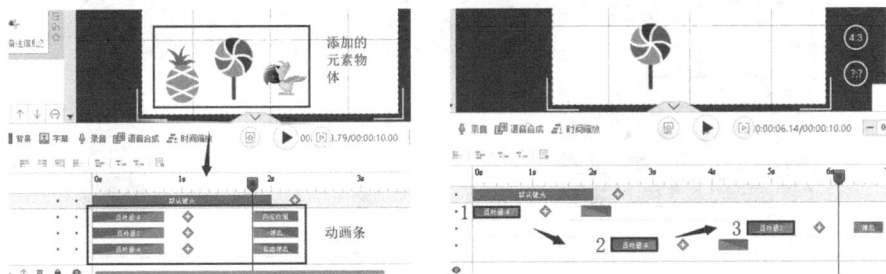

图 6-126 设置元素播放顺序

设置整体偏移。 具体步骤如下。

步骤 1：按住 Shift 键的同时选中多个元素，根据需要设置动画的前后顺序，然后在选中元素所在的"行"的任意地方单击鼠标右键，选择"顺序进场"选项，如图 6-127 所示。

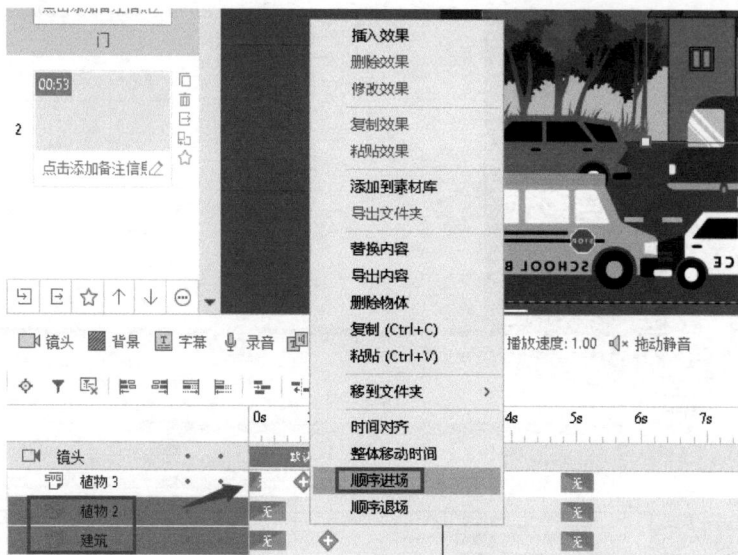

图 6-127　设置整体偏移

步骤 2：在弹出的对话框中设置偏移量，然后单击"确定"按钮，如图 6-128 所示。设置偏移量为 1 秒（偏移量也可设置为负值，表示提前多少秒），则所选中元素的动画进场顺序会相应间隔 1 秒开始播放。

图 6-128　设置偏移量

第 4 步　生成视频

功能 1　预览场景

方法 1：单击左侧的按钮，从第一个场景开始观看所有场景动画；单击中间的按钮，从当前位置观看动画；单击右侧的按钮，从当前场景的开始位置播放动画，如图 6-129 所示。

图 6-129　预览场景 1

方法 2：单击"预览"图标，预览工程文件，如图 6-130 所示。

图 6-130　预览场景 2

功能 2　保存工程文件

单击"保存"图标，即可保存工程文件，如图 6-131 所示。

图 6-131　保存工程文件

功能 3　发布生成视频

步骤 1：单击工具栏中的"发布"图标，如图 6-132 所示。

图 6-132　发布视频

步骤 2：在"发布万彩动画"对话框中选择"输出成视频"选项，单击"下一步"按钮，如图 6-133 所示。

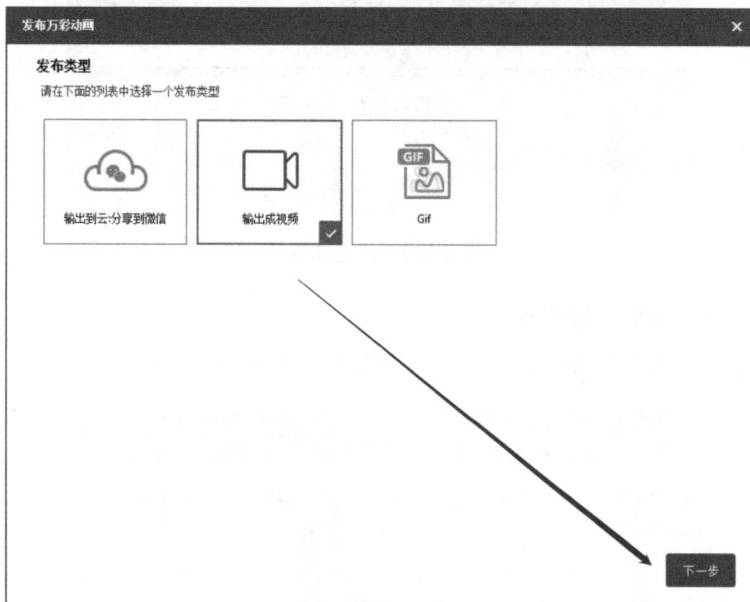

图 6-133　输出成视频

步骤 3：选择保存路径，完善视频信息，如是否启动运动模糊和水印添加功能，最后单击"发布"按钮，如图 6-134 所示。

图 6-134　设置视频格式

对图 6-134 中的各项说明如下。

说明 1：视频大小。576P、1080P 指的是视频的分辨率，对应的尺寸是 576P（720x576）、1080P（1920x1080）。视频的分辨率越高，清晰度越高（1080P＞720P＞576P），视频文件的尺寸与体积也就越大。

说明 2：视频格式。

- MPEG4（.mp4）：能够保存接近于 DVD 画质的小体积视频文件，能在更多的设备中播放。

- MOV（.mov）：具有较高的压缩比率和较完美的视频清晰度等特点，还可以保存 alpha 通道。默认的播放器是 QuickTime，使用其他播放器播放时可能会出现空白的情况。

- WMV（.wmv）：本地或网络回放，拥有丰富的流间关系及扩展性等。WMV 格式需要在网站上播放，并且需要安装 Windows Media Player 软件，比较不方便。

- AVI（.avi）：图像质量好，可以保存 alpha 通道，经常被使用。但是视频体积过于庞大，压缩标准不统一，播放时常会出现由于视频编码问题造成不能播放或不能调节播放进度等问题。
- FLV（.flv）：视频体积小，占内存较小，方便传输下载，但不是所有播放器都支持这个格式，画质也相对差一点。
- MKV（.mkv）：能容纳多种不同类型编码的视频、音频和字幕流，可以提供非常好的交互功能，比 MPEG4 更方便、更强大。

说明 3：生成透明通道视频。生成透明的类似于 PNG 图片这样的 MOV 视频格式文件，是为了便于导入 Adobe After Effect（AE 影音播放编辑软件）作为素材使用。

说明 4：帧频（fps）。帧频是指每秒放映或显示的帧或图像的数量，设置帧频就是设置动画的播放速度。帧频越大，播放越流畅，视频体积也越大；帧频越小，播放越不流畅。

不同的帧频适用于不同的场景：12fps——经典动画的帧频，使用 Flash 制作的动画默认帧频就是 12fps；24fps——电影的专业帧频；30fps——美国电视剧的专业帧频。

说明 5：渲染模式。快速和兼容模式的渲染方式是一样的。快速模式比兼容模式更加稳定一些，输出不容易失败；兼容模式是备用选项，生成速度比快速模式慢一点，稳定性也相对差一点。

单击图 6-134 中的"设置"选项，可看到下述说明 6~说明 11 中的各项。

说明 6：视频质量。视频质量越高，视频体积就越大。

说明 7：视频编码器。视频编码器是指能够对数字视频进行压缩或解压缩（视频解压）的程序或设备。共有 3 种视频编码器，分别是 H264、MPEG-4、H265。其中，H264 和 MPEG-4 是被广泛使用的高精密度视频的录制、压缩和发布格式。H264 是软件中默认的编码器。H265 是高效率视频编码器，优点是可以极大地提高图像质量。在没有特殊要求的情况下，用默认的编码器即可。

说明 8：视频码率。单位时间内视频码率越大，视频精度就越高，处理出来的文件就越接近原始文件。例如，选择低质量时，视频码率是

6 000 kbps；选择高质量时，视频码率是 10 000 kbps。

说明 9：**音频编码器。**相对于 mp3，ACC 格式音质更佳，文件更小。

说明 10：**音频码率。**在同种编码格式下，音频码率越大的音频，其音质越好，音频码率最高为 320 kbps。音频码率与音质的关系如表 6-1 所示。

表 6-1　音频码率与音质的关系

音　频　码　率	音　　　质
224～320 kbps	高质量
192 kbps	优良质量，偶尔有差别
128～160 kbps	相当好的质量，有时有明显差别
32～96 kbps	FM 质量

说明 11：**采样率。**采样率是指录音设备在 1 秒内对声音信号的采样次数。采样频率越高，声音就越真实、自然，还原度就越高。

说明 12：**启动运动模糊。**如果在曝光的过程中，场景发生变化，则会产生模糊的画面，在发布输出视频的时候，勾选"启动运动模糊"复选框，可以在一定程度上解决视频卡顿问题，让视频看起来更流畅，如图 6-135 所示。

图 6-135　启动运动模糊

说明 13：添加水印。勾选"水印"复选框，单击"浏览"按钮，从本地文件夹中添加 PNG 图片，然后单击"发布"按钮，如图 6-136 所示。

图 6-136　添加水印

除了上述常用功能，万彩动画大师还有一些功能使用频率较低，下文一并介绍。

6.3　万彩动画大师低频使用功能

功能 1　合并两个工程文件

打开一个工程文件，在菜单栏中执行"文件—合并工程"命令，从打开的文件夹中选择一个需要与之合并的工程文件，然后单击"Open"按钮，与之合并的工程中的场景会依次被添加到已有工程场景的后面，如图 6-137 所示。

功能 2　隐藏元素

隐藏全部元素。单击"隐藏"图标可隐藏全部元素，如图 6-138 所示。

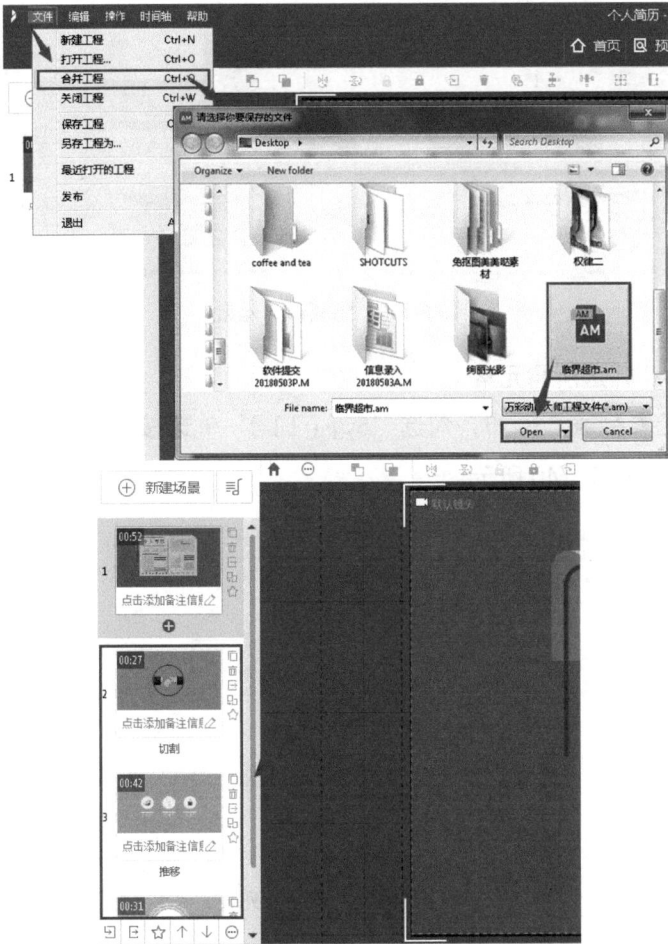

图 6-137　合并两个工程文件

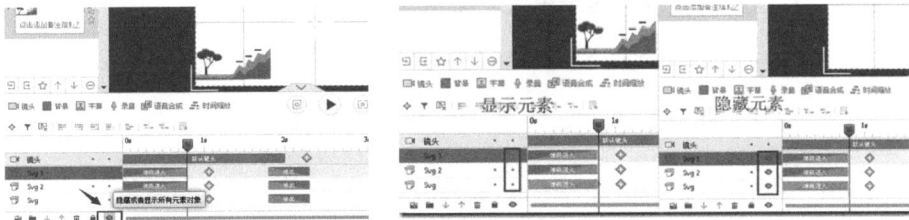

图 6-138　隐藏全部元素

隐藏部分元素。在元素动画条左侧，单击"隐藏"图标即可隐藏该元素，如图 6-139 所示。

图 6-139　隐藏部分元素

功能 3　筛选所需元素

勾选元素列表。例如，勾选"Svg（11）"单选按钮，便可筛选出所有 Svg 元素，如图 6-140 所示。

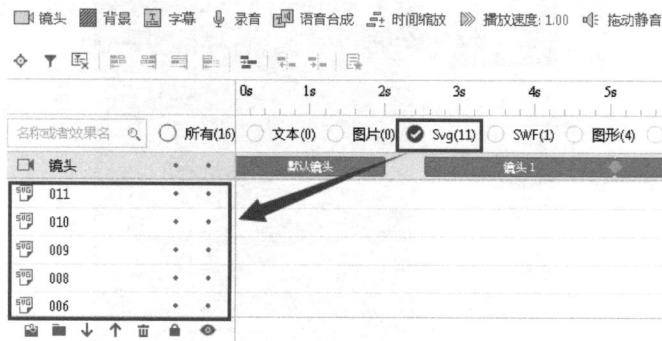

图 6-140　勾选元素列表

使用搜索框搜索。在搜索框中输入相关的动画名称或显示对象名称，添加的相关动画或对象便会显示出来，如图 6-141 所示。

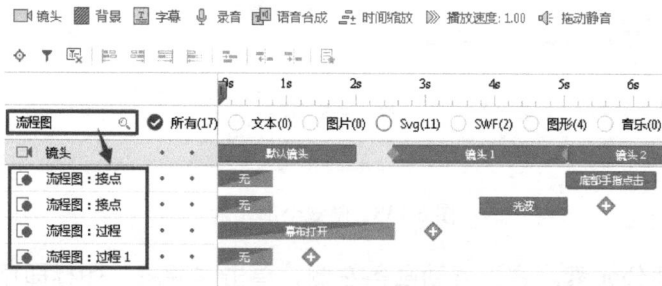

图 6-141　使用搜索框搜索

功能 4　时间缩放

单击时间轴上方的"时间缩放"图标，然后单击"–"按钮可缩短时间，使视频整体播放时间减少，从而达到加快视频播放速度的效果（如当前时间为 20s，将当前时间缩短为 10s 后，所有时长和开启时间都将缩小一半）；单击"+"按钮可增加时间，使视频整体播放时间增加，从而达到放慢视频播放速度的效果，如图 6-142 所示。

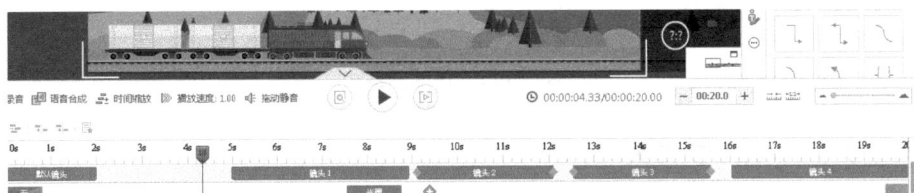

图 6-142　时间缩放

功能 5　调整播放速度

单击时间轴上方的"播放速度"图标，即可选择对应的播放速度。播放速度小于 1 为减速；播放速度等于 1 为原速；播放速度大于 1 为加速，如图 6-143 所示。

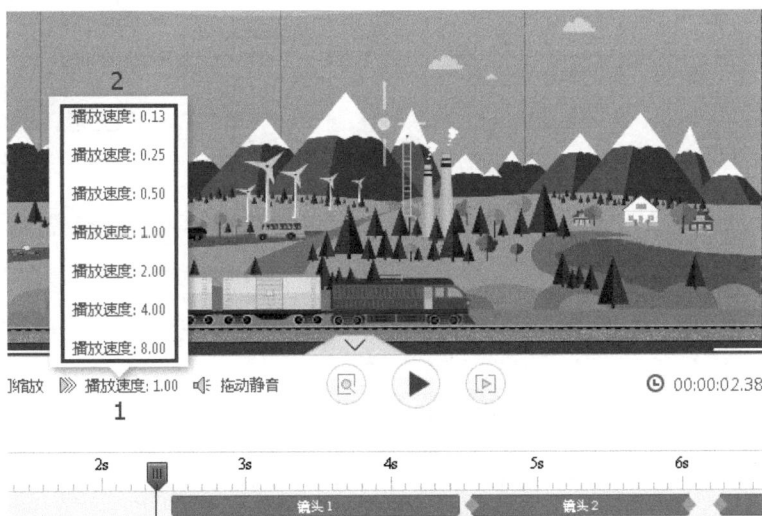

图 6-143　调整播放速度

功能 6　拖动静音

单击时间轴上方的"拖动静音"图标即可静音，如图 6-144 所示。

图 6-144　拖动静音

功能 7　添加文件夹

步骤 1：单击"添加文件夹"图标，添加文件夹，选中元素并拖动到文件夹中，或者选中元素后单击鼠标右键，选择"移到文件夹"选项，选择要移动到的文件夹，如图 6-145 所示。

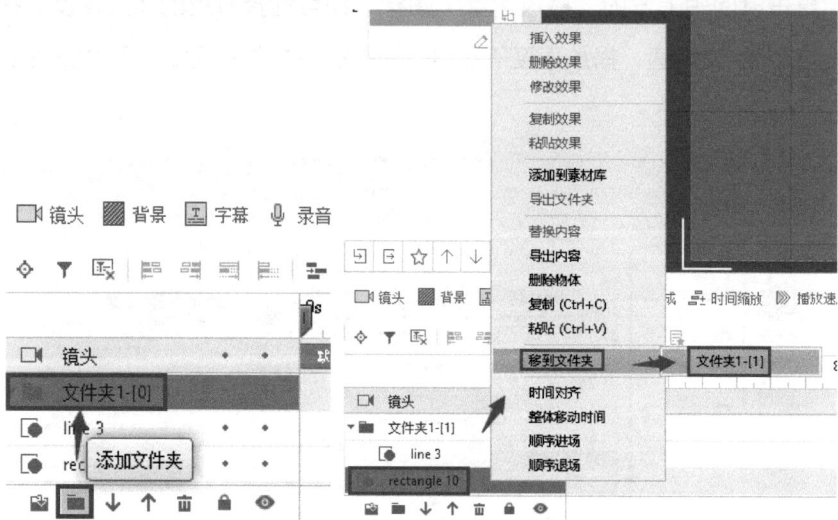

图 6-145　添加文件夹

步骤 2：在时间轴上左右移动文件夹，可以改变文件夹中所有元素的动画时间，如图 6-146 所示。

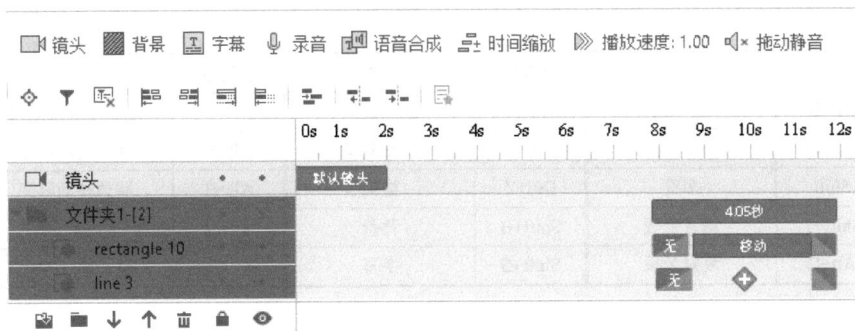

图 6-146　改变文件夹中所有元素的动画时间

功能 8　导出文件夹

选中需要导出的文件夹，单击鼠标右键，导出文件夹，为导出的文件夹选择一个路径，自定义文件名，然后单击"保存"按钮，如图 6-147 所示。

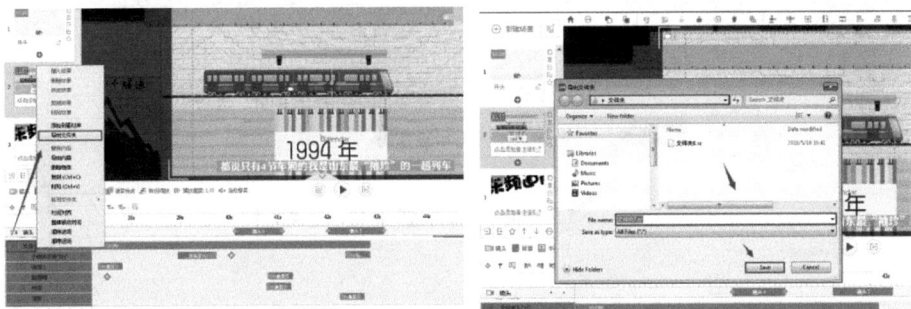

图 6-147　导出文件夹

功能 9　时间轴快捷键

如果想提高操作速度，可以使用快捷键进行操作。时间轴快捷键如表 6-2 所示。

表 6-2　时间轴快捷键

快捷键	功能	快捷键	功能	快捷键	功能
Ctrl+C	复制	Alt+F	下一帧	Alt+W	插入效果
Delete	删除对象	Ctrl+V	粘贴	Alt+G	时间对齐
Alt+J	顺序进场	Shift+C	镜头	Ctrl+K	批量导入字幕
Alt+K	顺序退场	Shift+R	录音	Ctrl+M	批量清空字幕

（续表）

快捷键	功能	快捷键	功能	快捷键	功能
Alt+D	上一帧	Alt+X	删除效果	Alt+左键	选多个动画效果
Ctrl+X	剪切	Alt+V	粘贴效果	Alt+Y	插入时间高级选项
Shift	多选	Ctrl+Z	撤销	Alt+H	整体移动时间
Shift+T	语音合成	Shift+B	背景		
Alt+C	复制效果	Shift+S	字幕		

到这里，关于万彩动画大师的使用技巧已经全部讲解完毕，为了让大家更好地使用万彩动画大师制作微课，我特意为大家准备了一个特别版的激活码（68B0-0703-F80F-F6B9-8C82），大家只需要按照图 6-148 中的指示操作升级，即可生成无水印作品。

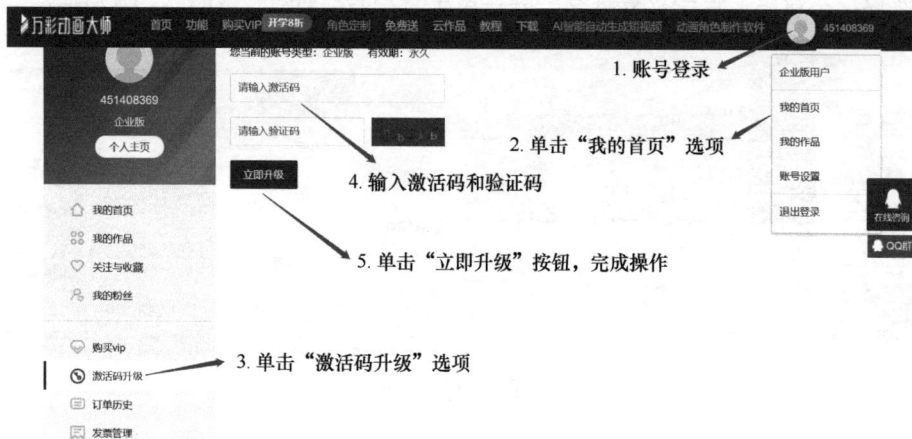

图 6-148　激活码升级步骤

CHAPTER 7

第 7 章
常用辅助工具

辅助工具 1　字体管家

字体管家（5.4）是一款小巧、方便的字体管理软件，拥有几十款中文美化字体，如方正字体、长城字体、可爱字体、华康少女字体、萝莉字体等，可以一键下载、安装、替换和管理，使用者可以下载自己喜欢的字体并应用到微课中。除此之外，使用者还可以使用字体管家制作自己的个人印章。字体管家界面如图 7-1 所示。

图 7-1　字体管家界面

辅助工具 2　iSlide

iSlide（5.3.0）是一款基于 PPT 的一键化效率插件，提供了便捷的排版设计工具，能够帮助使用者快速实现字体统一、色彩统一、矩形/环形布局、批量裁剪图片等操作；同时具备 8 个资源库，包括案例库、主题库、色彩库、图示库、智能图表、图标库、图片库和插图库，所有资源即插即用。iSlide 界面如图 7-2 所示。

图 7-2　iSlide 界面

相关功能简述如下。

一键优化。iSlide 提供多种参数化设置（统一字体、统一段落、同一色彩和智能参考线），使用者只需一键选择应用，就可快速建立 PPT 文本规范的统一标准，还可灵活调整，快速建立页面布局规范。

设计排版。只要选取一个图形，iSlide 就可以一键实现矩阵/环形复制，多种参数化设置（矩阵布局、矩阵裁剪、环形布局、环形裁剪、裁剪图片、智能选择、取色器、调控点调节、增删水印），满足使用者的个性化设计需求。

案例库。案例库不仅提供了设计好的模板，还提供了内容逻辑大纲和框架，甚至提供了更有价值、可以复用的内容，这些内容将涵盖演示设计应用的各种场景，如图 7-3 所示。

主题库。主题库提供了由设计师设计的 PPT 主题模板，包含主题字体、色彩、参考线、版式预设。涵盖商业计划书、工作报告、毕业答辩、培训课件、简历等主流需求 PPT 主题，如图 7-4 所示。

图示库。图示库提供了强大的 PPT 资源和使用方式，全矢量设计，自适应 PPT 主题配色和版式规则，编辑方便；严格依照规范设计，优化尺寸大小，保留二次编辑的自由度；迎合主流宽屏/普屏尺寸，自适应 4∶3 与

16∶9 尺寸，如图 7-5 所示。

图 7-3　iSlide 案例库

图 7-4　iSlide 主题库

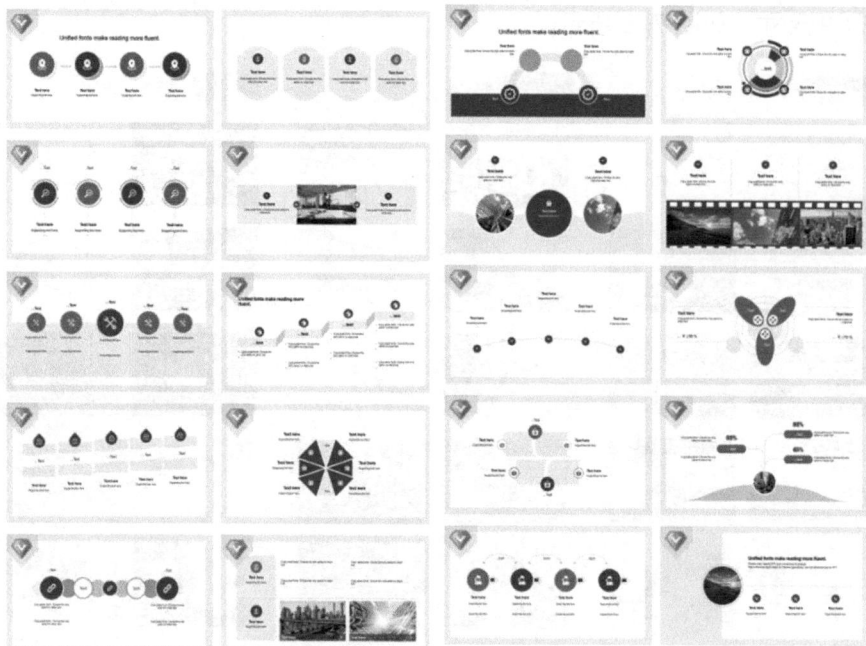

图 7-5 iSlide 图示库

智能图表。智能图表将数据以直观、灵活的形式展示给使用者，具备最大限度的可编辑性，使用者可以随时改变图标（160 000 多种图标供选择）、变更数据（图表、图形会随数值自动调节），如图 7-6 所示。

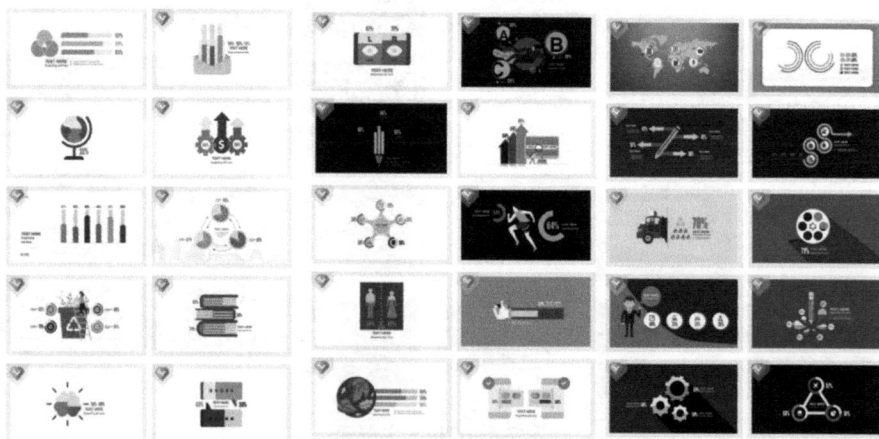

图 7-6 iSlide 智能图表

图标库。图标库中有 16 万多份图标素材，这些是非图片的矢量格式图标素材，可以在 PPT 中自由填充色彩。这些图标可快速检索，任意替换，所有使用 iSlide 插件置入的图标均可以任意替换，并保持位置、大小、比例不变，如图 7-7 所示。

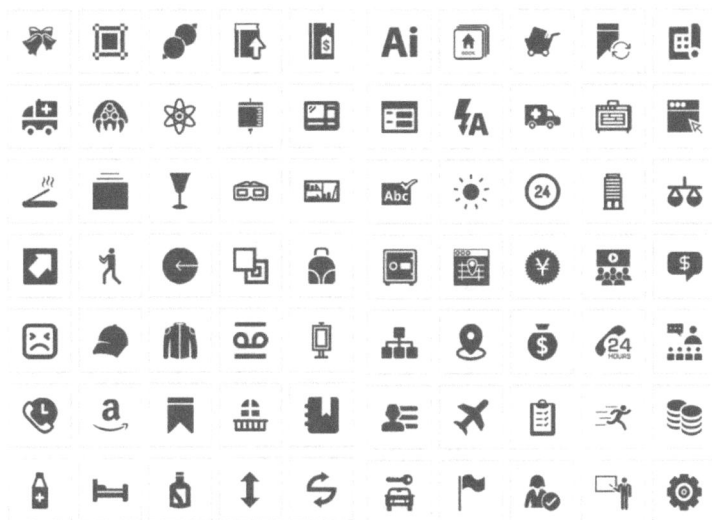

图 7-7　iSlide 图标库

图片库。使用者可在任何地方使用协议下的真正免费图片，可快速检索图片，一键插入 PPT。图片可任意替换，替换后保持位置、大小、样式效果不变，且不变形，如图 7-8 所示。

图 7-8　iSlide 图片库

插图库。插图库提供了各种扁平化矢量素材，可以一键下载、任意编辑和自由替换，如图 7-9 所示。

图 7-9　iSlide 插图库

PPT 拼图。可以在 PPT 中一键生成长图文，适用于制作长图文微课，如图 7-10 所示。

图 7-10　PPT 拼图

导出工具。提供一键化导出功能，可以轻松地将 PPT 根据需要导出为图片集、图片、只读文档、视频；还可以将文档中所用的字体全部统一导出，方便各种形式的分享和查看。

PPT 瘦身。该功能可一键压缩 PPT 文件体积，包含常规瘦身和图片压缩，既可以一键删除导致 PPT 文件增大的无用版式、幻灯片外内容、备注、批注等，也可以轻松压缩文档中的图片大小，在不影响 PPT 呈现质量的前提下，大大缩小文件体积，如图 7-11 所示。

图 7-11　PPT 瘦身

辅助工具 3　GifCam（GIF 录制编辑工具）

GifCam（6.0）是一款非常简单好用的 GIF 录制编辑软件，具有精确录制、可剪辑等特色。GifCam 界面如图 7-12 所示。

操作步骤：调整录制窗口大小，然后单击"录制"按钮，开始录制，录制完成后单击"保存"按钮，将文件保存到相应位置。

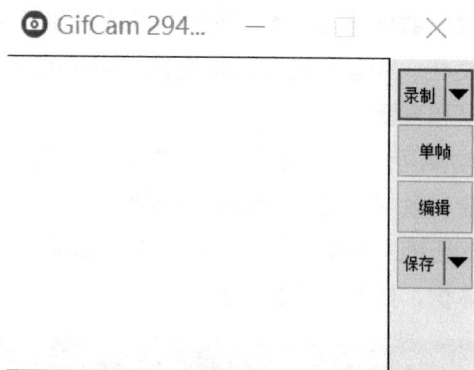

图 7-12　GifCam 界面

辅助工具 4　爱剪辑（视频剪辑工具）

爱剪辑（V3.8）是国内首款全能免费视频剪辑软件，支持给视频加字幕、调色、加相框等齐全的剪辑功能，操作步骤如下。

步骤 1：打开爱剪辑软件，单击"添加视频"图标，添加视频。此步骤可对视频长度进行截取，同时可添加多段视频并对其进行剪辑和排序，如图 7-13 所示。

图 7-13　添加视频

步骤 2：单击界面右侧的"导出视频"图标，在弹出的对话框中编辑导出设置、参数设置和导出路径，然后单击"导出"按钮，如图 7-14 所示。

图 7-14　导出视频

辅助工具 5　口袋动画

口袋动画（v5.2.11.0）是一个基于 PPT 的软件插件，它简化了 PPT 动画设计过程，完善了 PPT 动画的相关功能。口袋动画提供了很多功能，其中最常用的是"动画盒子"中的动画功能，包括片头动画、片尾动画和页面转场等，可分别用于微课开场、结尾和转场等场景。口袋动画界面如图 7-15 所示。

图 7-15　口袋动画界面

以片头动画为例，其操作步骤如下。

步骤 1：单击"片头动画"图标，寻找片头动画，如果没有匹配的片头动画，则单击"更多片头动画"按钮，如图 7-16 所示。

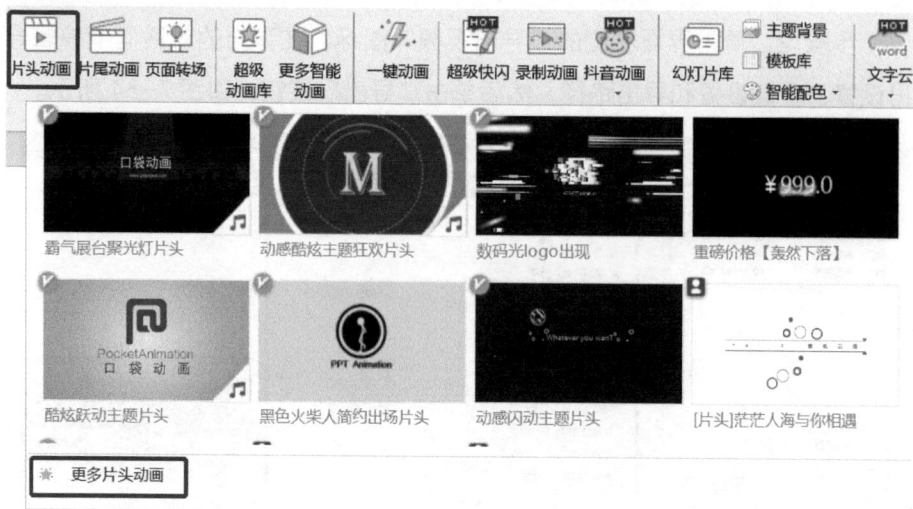

图 7-16　寻找片头动画

步骤 2：在弹出的对话框中的"动画盒子"选项卡中选择一个与微课匹配的片头动画，并下载应用，如图 7-17 所示。

图 7-17　动画盒子

步骤 3：单击鼠标右键，选择"盒子编辑器"选项，在"主题色"选项中单击"一键换色"按钮，更改片头动画的颜色；在"多媒体"选项中可以更换背景音乐；在"文本列表"选项中可以编辑或更改片头动画中的文本内容，如图 7-18 所示。

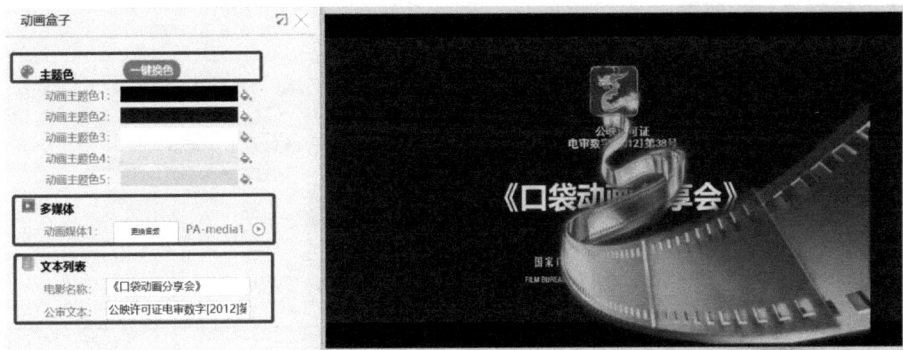

图 7-18　盒子编辑器

辅助工具 6　图图去水印

图图去水印（1.1.0.0）是一款专业去除图片、视频背景中的瑕疵或水印的软件，可以去掉图片、视频中不想要的水印、划痕、污渍、标志等。它支持批量操作，可以快速处理相同位置的水印和照片中的日期。图图去水印的界面如图 7-19 所示。

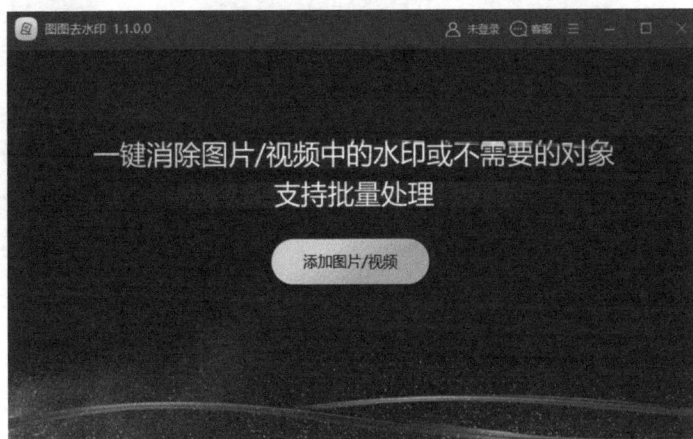

图 7-19　图图去水印的界面

以去除视频水印为例，其操作步骤如下。

步骤 1：单击"添加图片/视频"按钮，选择并添加需要去除水印的视频，如图 7-20 所示。

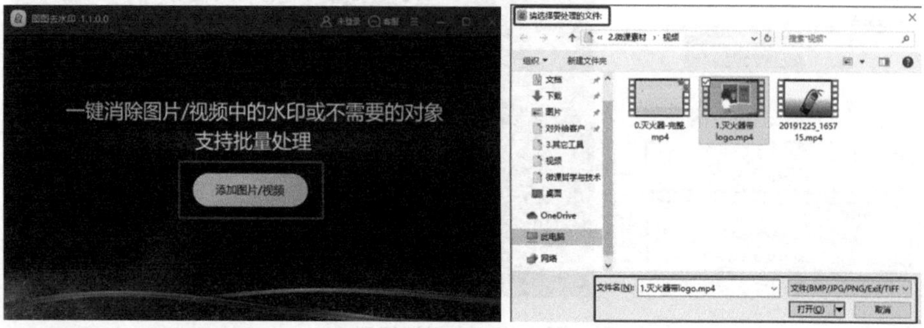

图 7-20　添加图片/视频

步骤 2：选中需要去除的水印，单击"开始处理"按钮，如图 7-21 所示。

图 7-21　视频去水印

步骤 3：单击"打开目录"按钮，选择并打开处理后的视频，如图 7-22 所示。

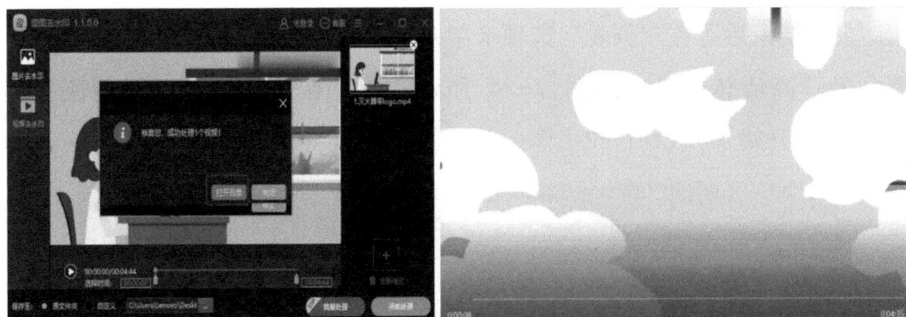

图 7-22　处理成功界面

辅助工具 7　EV 录屏

EV 录屏（V3.9.7）是一款非常实用的电脑录屏软件，使用这款软件可以轻松进行电脑屏幕录像，适用于录制操作类微课，如 EXCEL 操作技巧、PPT 操作技巧等。EV 录屏"常规"选项卡界面如图 7-23 所示。

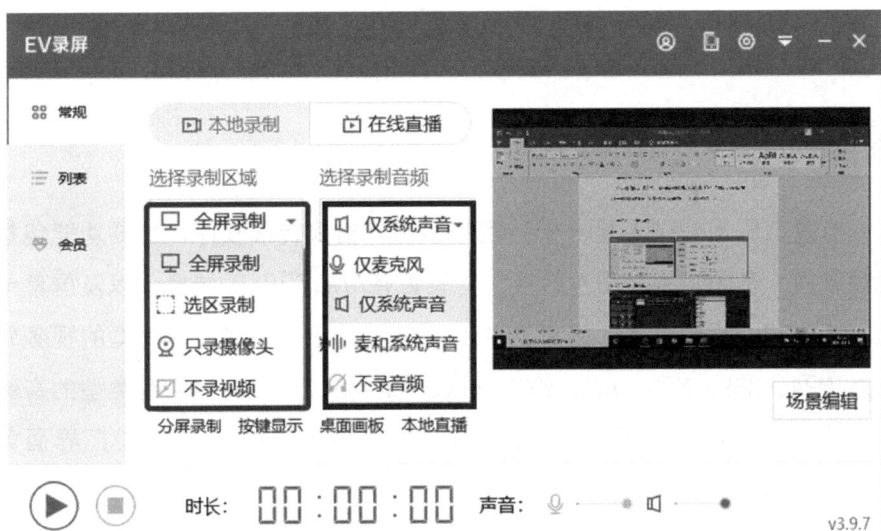

图 7-23　EV 录屏"常规"选项卡界面

操作步骤为：在"常规"选项卡中选择录制区域、录制音频，然后单击"开始"图标进行录制，录制结束后单击"停止"图标。

录制结束后可在"列表"选项卡中对录制的视频进行处理，包括播放、重命名、高清转码等，如图 7-24 所示。为了快速操作，可使用快捷键 Ctrl+F1（开始）和 Ctrl+F2（停止）。

图 7-24　EV 录屏"列表"界面

辅助工具 8　格式工厂

格式工厂（4.9.5）是一个万能的多媒体格式转换软件，主要功能包括视频转换、音频转换、图片转换、光驱设备/DVD/CD/ISO 转换，以及屏幕录像、去水印、视频合并、音频合并、混流等。它支持将所有类型的视频转换为 MP4、3GP、MPG、AVI、WMV、FLV、SWF 格式，支持将所有类型的音频转换为 MP3、WMA、MMF、AMR、OGG、M4A、WAV 格式。格式工厂界面如图 7-25 所示。

以转换视频大小为例，其操作步骤如下。

步骤 1：单击"MP4"图标，如图 7-26 所示。

步骤 2：单击"添加文件"按钮，添加视频，如图 7-27 所示。

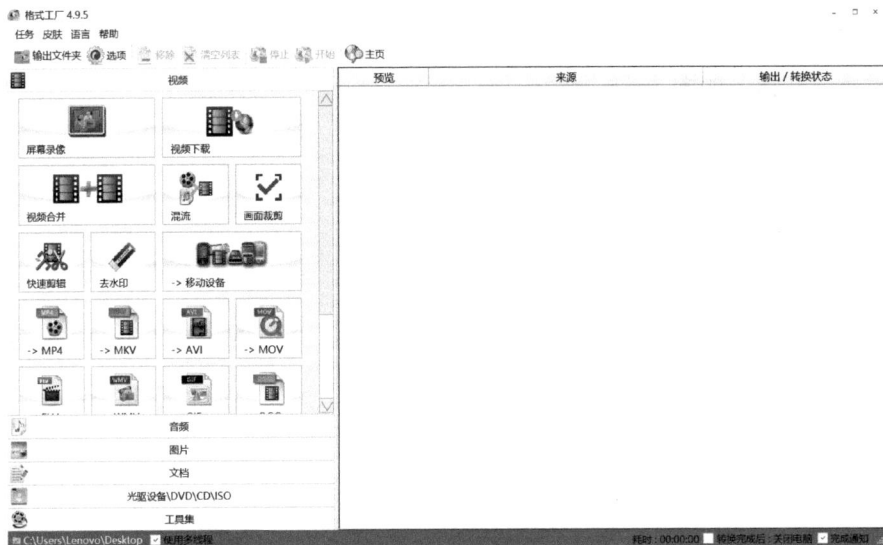

图 7-25　格式工厂界面

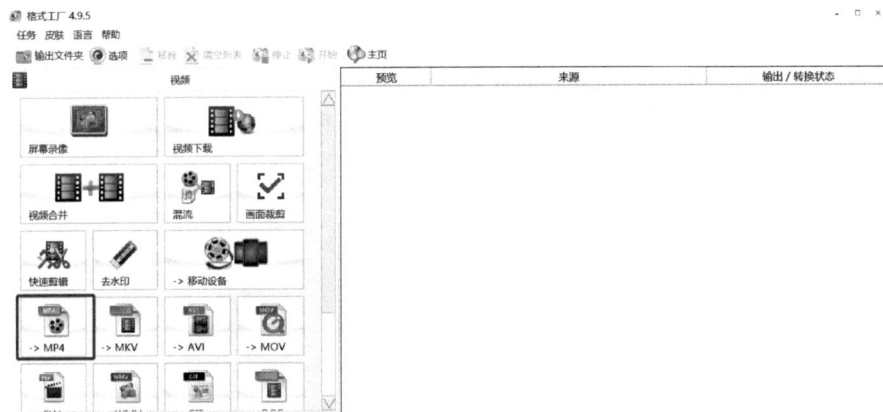

图 7-26　选择 MP4 格式

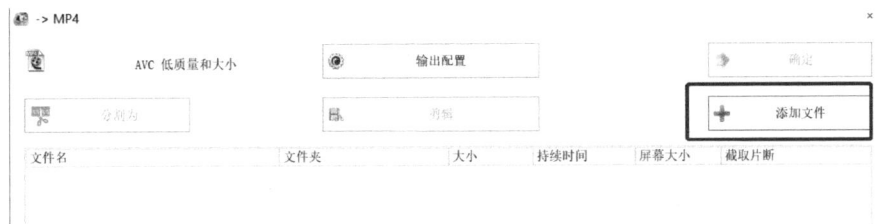

图 7-27　添加文件

步骤 3：单击"输出配置"按钮，选择"AVC 中质量和大小"，然后单击"确定"按钮，如图 7-28 所示。

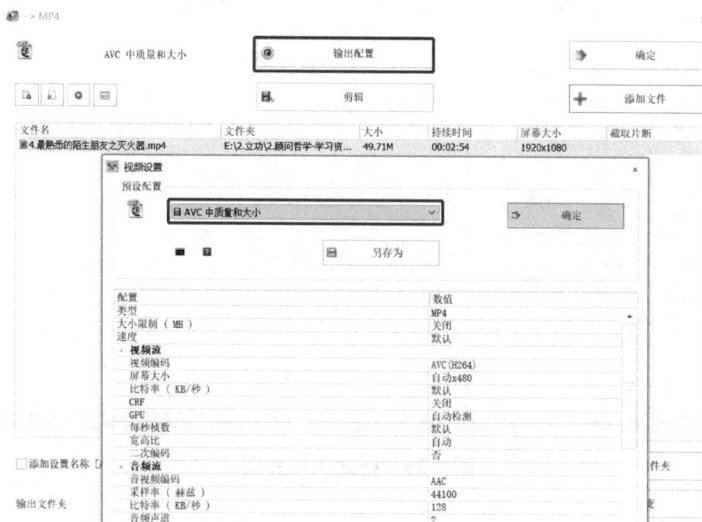

图 7-28　输出设置

步骤 4：单击"输出文件夹"按钮，选择输出路径，单击"确定"按钮，如图 7-29 所示。

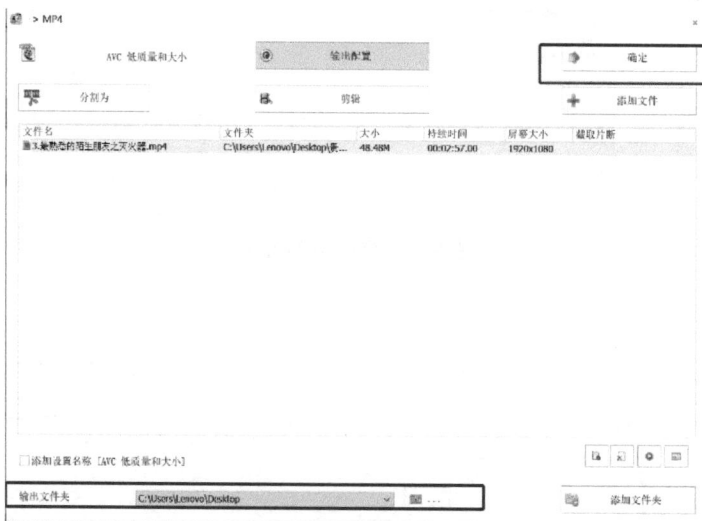

图 7-29　选择输出路径

步骤 5：单击"开始"按钮，等待输出完成，如图 7-30 所示。

图 7-30　输出转换文件

辅助工具 9　万彩骨骼大师

万彩骨骼大师（V2.7.3）是一款专门针对 2D 动画角色所研发的一款动画制作软件，通过在图片上添加骨骼，从而控制骨骼实现移动、跳跃、旋转等动画动作。该软件提供了大量常用动作的骨骼模板，使用者可以直接应用，不需要设计经验也可以制作出栩栩如生的动画角色。

万彩骨骼大师界面简洁，操作简单，功能众多，非常实用，使用者可以使用 3 种方式制作出栩栩如生的动画角色。

方式 1　编辑/打开在线角色来制作角色动画

步骤 1：选择一个在线角色模板，选择"正面"/"侧面"选项，然后选择"编辑正面"/"编辑侧面"选项，如图 7-31 所示。

另外，该方式支持在搜索框中输入关键词，快速找到所需角色，如图 7-32 所示。

图 7-31　在线角色模板

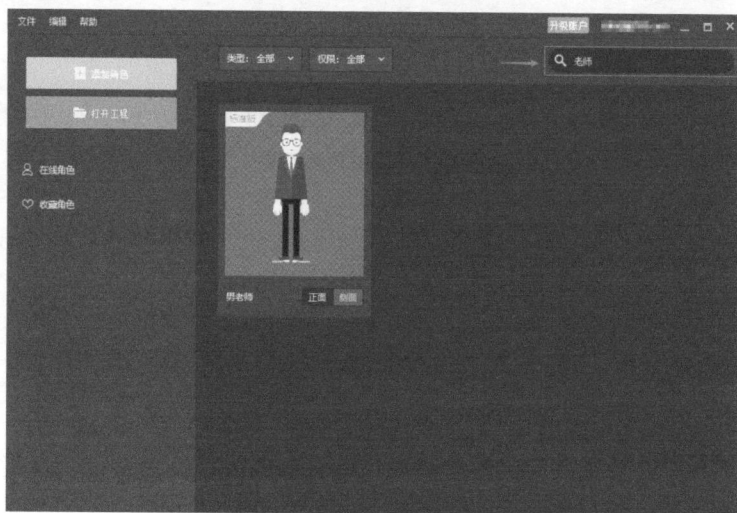

图 7-32　搜索角色

步骤 2：编辑角色。可以自定义角色的头部、上半身和下半身的装扮。具体操作步骤为：选择一个分类，点击所选素材，即可将其应用到角色上，然后单击"确认"按钮，进入下一步，如图 7-33 所示。

方式 2　直接套用动作库动作来制作角色动画

预设的在线角色都已经添加好了"骨骼"，可以直接进入动画制作界面进行操作，步骤如下。

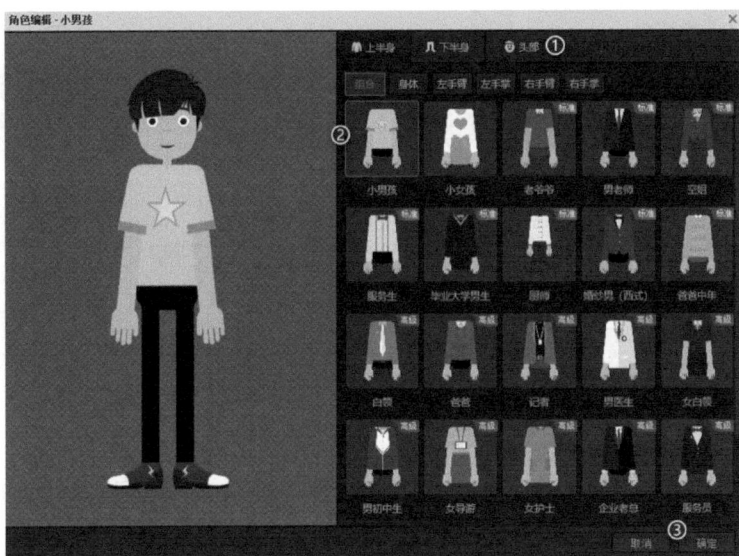

图 7-33　编辑角色

步骤 1：直接使用动作库中的动画动作。在右侧的工具栏中单击"动作"选项，选中一个动作，把动作拖动到时间轴上，预览或继续添加，如图 7-34 所示。

图 7-34　添加动画动作

注意，可输入关键词快速查找所需动作；动作添加的位置取决于松开鼠标后弹起所在的帧频位置，如图 7-35 所示。

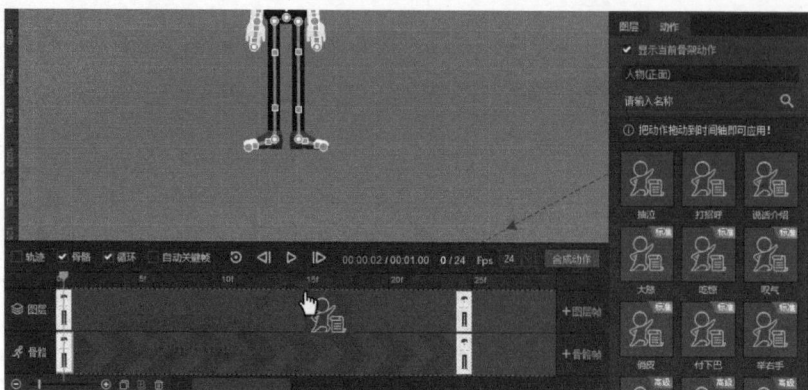

图 7-35　添加动画动作注意事项

步骤 2：分解预设动作。分解预设动作，查看学习或自定义该动作中的图层与骨骼变化，选中图层或骨骼，单击鼠标右键，选择"分解"选项，即可看到该动作的所有帧，如图 7-36 所示。

图 7-36　分解预设动作

步骤 3：替换图层来改变角色表情。将预设的动作的图层帧与骨骼帧分解后，即可替换图层帧中的图层来实现角色笑、哭、郁闷等表情。具体操作方法为：将播放头移动到图层上，选择所需图层，然后单击"图层切换"图标，打开图层切换列表，选中图层并单击，即可将其应用到角色上查看效果，如图 7-37 所示。

图 7-37　替换图层来改变角色表情

注意，要将播放头放置在图层帧的图层上面，才可以替换图层素材；点开图层，底部显示的是该图层关联的骨骼。

方式 3　自定义角色的动画动作来制作角色动画

假如动作库中的动作无法满足需求，或者使用者想做点小创新，可以试试自定义角色的动画动作。步骤如下。

步骤 1：添加图层和骨骼帧。添加图层帧（切换图层图片、改变图层顺序）或骨骼动作帧（骨骼变化）到当前播放头位置。具体操作方法为：把播放头移到适当的帧频位置，单击"添加图层帧"（或"添加骨骼帧"）按钮，如图 7-38 所示。

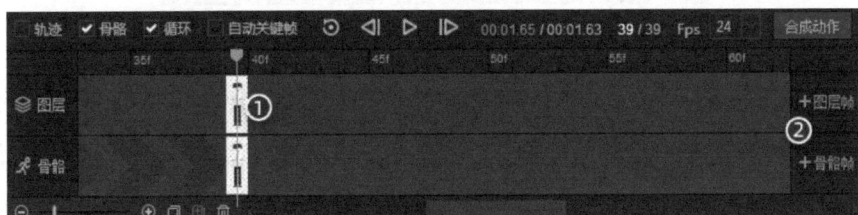

图 7-38　添加图层和骨骼帧

步骤 2：根据需求，调整角色的骨骼来实现角色的走、跳、跑等肢体动作；还可以通过替换图层图片来实现角色笑、哭、郁闷等面部表情，如图 7-39 所示。

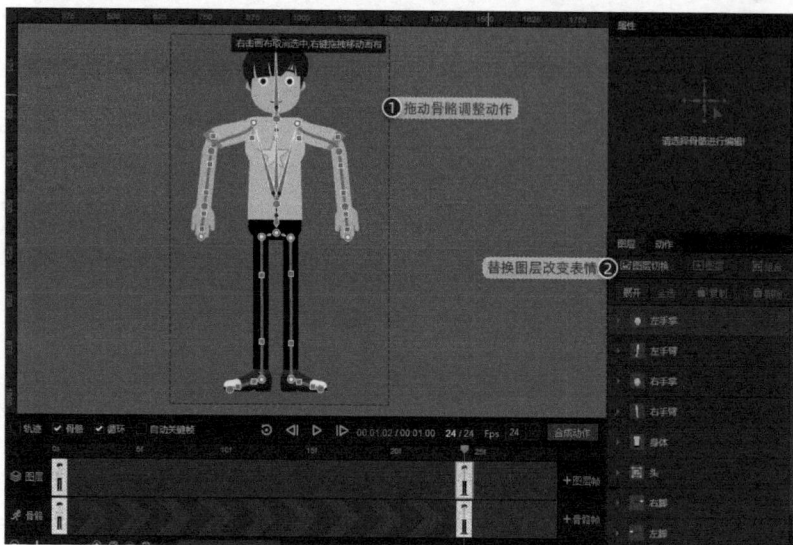

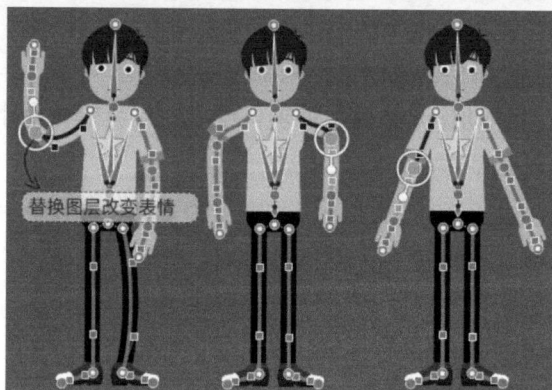

图 7-39　调整角色的骨骼和面部表情

步骤 3：保存自定义动作。将自创动作中的图层帧与骨骼帧合成新动作，并保存在动作库中以便下次使用。具体操作方法为：单击"合成动作"按钮，在弹出的对话框中自定义新动作的名称，接着选择界面右侧的"自定义"选项，新动作的名称就显示在动作库中了，将动作拖动到时间轴上即可应用，如图 7-40 所示。

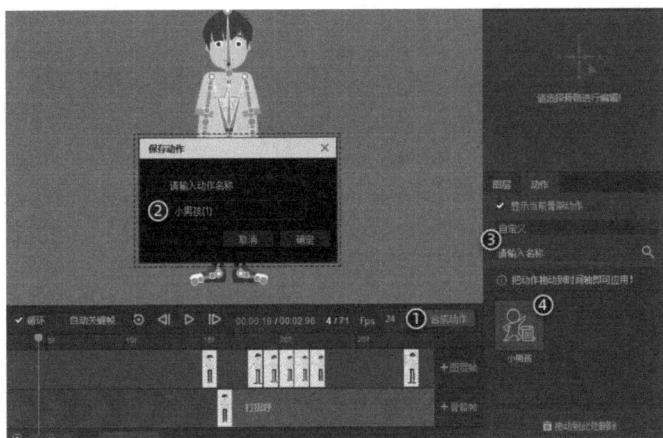

图 7-40　保存自定义动作

步骤 4：保存与发布。编辑完成后，即可保存并发布工程文件。目前有
4 种格式可选：MP4、MOV、PNG 和 GIF 格式，还支持自定义 MP4 格式与 GIF 格
式的背景颜色。具体操作方法为：单击"发布"图标，在弹出的对话框中设置
发布路径、发布格式、发布大小（分辨率越高，清晰度越高），自定义发布背景
（透明或有背景色），然后单击"发布"按钮，即可查看文件，如图 7-41 所示。

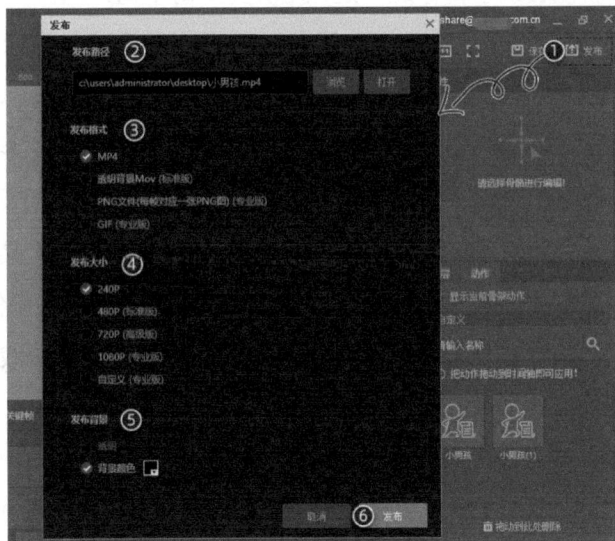

图 7-41　保存与发布

后　记

看过我书稿的朋友曾经问过我两个问题。

问题 1：你把微课开发的干货全都写到书里，以后客户直接让学员看书学习就好了，干吗还要再请你讲课呢？

我的回答：你这个问题乍一看很有道理，但其实并非如此。微课开发是一项复杂的技能，单凭看书、看视频自学很难做到 100 分。因此，在微课开发中，顾问的价值并不只在于教授技能，更多的是用自己的经验帮助学员解决个性化的问题。我希望学员在参加培训之前先阅读本书、获取知识，开发一门微课出来，然后带着作品和问题来参加培训，这样的模式会使项目的效率更高、成本更低。

问题 2：你把微课开发的干货全都写到书里，别的讲师按照你的书直接设计一门课程就能去讲了，你这不是在培养竞争对手吗？

我的回答：一方面，我已经在国家版权局注册登记了微课开发的版权（国作登字-2020-L-01080236），如果有人想讲这门课，不用冒风险做这么麻烦的事情，可以直接找我认证；另一方面，如果我抱着微课吃老本，那么我一定会成为 VUCA 时代的"恐龙"，早晚会被这个时代淘汰。相反，作为企业数字化人才发展顾问，我应该不断走出舒适区，不断研发新产品，不断开辟自己的第二曲线，如此这般循环往复，才能让自己紧跟时代的步伐。

对我个人而言，把干货都写到书里并不可怕，可怕的是自我封闭、不敢突破；对读者而言，如果您是企业客户，希望您能用本书中的知识教授企业内部的专家萃取知识、开发微课，沉淀一批企业内部的宝贵知识，打造自己的数字化"藏经阁"；如果您是商业讲师，希望您能够用本书中的知识制作自己的系列微课，上线到各个平台快速变现。

反侵权盗版声明

电子工业出版社依法对本作品享有专有出版权。任何未经权利人书面许可，复制、销售或通过信息网络传播本作品的行为；歪曲、篡改、剽窃本作品的行为，均违反《中华人民共和国著作权法》，其行为人应承担相应的民事责任和行政责任，构成犯罪的，将被依法追究刑事责任。

为了维护市场秩序，保护权利人的合法权益，我社将依法查处和打击侵权盗版的单位和个人。欢迎社会各界人士积极举报侵权盗版行为，本社将奖励举报有功人员，并保证举报人的信息不被泄露。

举报电话：（010）88254396；（010）88258888

传　　真：（010）88254397

E-mail：　dbqq@phei.com.cn

通信地址：北京市万寿路 173 信箱
　　　　　电子工业出版社总编办公室

邮　　编：100036